HOW TO DEAL WITH PARENTS

教师：
如何与问题家长相处（第二版）

WHO ARE ANGRY, TROUBLED, AFRAID,

[美] 伊莱恩·K. 麦克尤恩（Elaine K. McEwan） 著

王濛濛 译

OR JUST PLAIN CRAZY (SECOND EDITION)

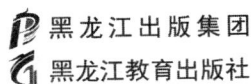

版权登记号：08-2016-033

图书在版编目（CIP）数据

教师：如何与问题家长相处：第2版/（美）伊莱恩·K.麦克尤恩（Elaine K. McEwan）著；王濛濛译. --哈尔滨：黑龙江教育出版社，2016.6
ISBN 978-7-5316-8742-9

Ⅰ.①教… Ⅱ.①伊… ②王… Ⅲ.①学校教育—合作—家庭—研究 Ⅳ.①G459

中国版本图书馆CIP数据核字(2016)第131273号

HOW TO DEAL WITH PARENTS WHO ARE ANGRY, TROUBLED, AFRAID, OR JUST PLAIN CRAZY

Copyright © 2005 by Corwin Press

Chinese simplified translation © 2016 by Heilongjiang Educational Press Co.Ltd.

ALL RIGHTS RESERVED

教师：如何与问题家长相处（第二版）

JIAOSHI: RUHE YU WENTI JIAZHANG XIANGCHU（DI ER BAN）

作　　者	［美］伊莱恩·K.麦克尤恩（Elaine K. McEwan）著
译　　者	王濛濛　译
选题策划	王春晨
责任编辑	宋舒白　田　洁
装帧设计	Amber Design 琥珀视觉
责任校对	周维继

出版发行	黑龙江教育出版社（哈尔滨市南岗区花园街158号）
印　　刷	北京鹏润伟业印刷有限公司
新浪微博	http://weibo.com/longjiaoshe
公众微信	heilongjiangjiaoyu
E-mail	heilongjiangjiaoyu@126.com
电　　话	010-64187564

开　　本	700×1000　1/16
印　　张	11.25
字　　数	130千
版　　次	2016年9月第1版　2016年9月第1次印刷
书　　号	ISBN 978-7-5316-8742-9
定　　价	32.00元

目录 / contents

序 ·· 1
   我所定义的"狂躁" ·· 4
   本书适用于哪些读者？ ·· 4
   本书的特色 ·· 5
   内容概述 ·· 6

第一章　为什么有如此多易怒、不安、神经紧张、易狂躁的家长 ···· 1
   今天的父母 ··· 3
   这种现象背后的真实原因是什么？ ··· 7
   总结与展望 ·· 23

第二章　平息失控家长的怒火 ·· 25
   什么是愤怒？ ·· 26
   如何与恼怒、失控的家长打交道 ··· 27
   应付忧虑不安家长的对策 ·· 44
   从家长的会面中学习成长 ·· 52
   总结与展望 ·· 52

第三章　解决那些让家长愤怒、不安、神经紧张或狂躁的问题 ········ 53
   困扰着我们的种种问题 ··· 54
   解决困扰我们的问题 ··· 57

破坏好意的行为 ………………………………………… 72
　　毫无奏效时该怎么做 …………………………………… 73
　　总结与展望 ……………………………………………… 76

第四章　创造和培育健康的校园环境 ……………………… 77
　　"致命病毒" ……………………………………………… 78
　　十二大危险 ……………………………………………… 82
　　健康的校园氛围 ………………………………………… 85
　　健康的领导 ……………………………………………… 89
　　改善并保持健康的校园环境 …………………………… 90
　　校园不健康时应采取的策略 …………………………… 92
　　总结与展望 ……………………………………………… 93

第五章　积极主动的方式
　　——五十多种建立家长支持的方式 …………………… 94
　　开启五十多种建议 ……………………………………… 95
　　总结与展望 ……………………………………………… 109

结　论 …………………………………………………………… 110

辅导者指南 ……………………………………………………… 119
　　适用对象 ………………………………………………… 119
　　指南的组织形式 ………………………………………… 120
　　所需材料 ………………………………………………… 120

学习模块 ··· 122

    模块1：简介 ··· 122

    模块2：第一章　为什么有如此多易怒、不安、神经

             紧张、易狂躁的家长 ·· 129

    模块3：第二章　平息失控家长的怒火 ························· 133

    模块4：第三章　解决那些让家长愤怒、不安、神经紧张

             或狂燥的问题 ·· 136

    模块5：第四章　创造和培育健康的校园环境 ············· 139

    模块6：第五章　积极主动的方式

             ——五十多种建立家长支持的方式 ······························ 150

    模块7：结论 ··· 153

致谢 ··· 157

参考文献 ··· 160

序

1983年秋，芝加哥西部一个偏远郊区的小学聘请我当校长，这是我第一次担任校长一职。怀揣着刚刚获得的管理博士学位，我将自己打造成成功人士，心中满怀期待，对学生寄予着厚望，希望自己能够帮助教师团队提高教学质量，开发教学课程。这一路走来，我肯定遗漏了一门功课，就是学习如何在日常生活中与那些易怒、不安、神经紧张或者有时候"易狂躁"的家长打交道。后者肯定是少数，但是我所在的学校已经有足够多的家长（我敢肯定你们的学校也一样）似乎在气势汹汹地闯进办公室前，早已将一切理智和礼仪丢弃在门外。与这样的父母打交道，让我总觉得自己好像正穿过一片地雷区，完全无从得知接下来会踩到哪块地雷，一触即发，炸得昏天黑地。

噢，对了，我上了学校—社区关系这门必修课，但是教学大纲只包括婚姻、家庭咨询或者冲突解决等一些课题。我开始怀疑也许自己拿了一个错误的学位，但一切太晚了。从我第一天踏上校门台阶的时候，问题就出现了。我记得有一次特艺集团事件，当时正值万圣节前夕，学校的走廊里到处都弥漫着节日气息。游行队伍举着大横幅宣传着下午的庆典，我的化妆服也挂在办公室门后，午休时间我就会换上它。

秘书说我这身蜜蜂装扮堪称完美。她对我说："选得真好。你总是像蜜蜂似的嗡嗡地忙个不停。"我当时心不在焉，没反应过来她究竟说的是什么意思，然后朝着走廊走去，孩子们正结束午休回来。这一路许多人称赞我的装扮，高兴地朝我欢呼。我的黑色紧身连衣裤和高领毛衣外面罩着一个超大号的黑色垃圾袋，上面缠着黄色宽胶带。垃圾袋紧紧地附在我的胳膊、腿和脖子上，打造出非常完美的蜜蜂体型。服装最出彩的部分就是帽子，金黄色的圆球上面顶着弹力钢丝，颤悠悠地晃个不停。

工作两个月后，我的信心倍增，十分期待着能与许多参加传统游行的家长们见面。这样的情绪只持续高昂了15秒，一位我认识而且很喜欢的学生母亲就给了我一记当头棒喝。她气势汹汹地闯进办公室，双眼燃烧着熊熊怒火。真庆幸她只带着舌头没携带武器，口中不断地吐出斥责好像能把腰带骂折。"没人能这样对待我的孩子。"她尖叫起来，"你必须管管。"我盼望着能有神仙显灵，让这个疯女人冷静下来，但是没人过来解救我。我把她带到了我的办公室，让她描述一下事情的始末。上三年级的女儿所在班级的学生正前往卫生间的时候，这位母亲刚好经过走廊。然而这位班主任理所当然地选择了一个恰当的时机，在众目睽睽之下给了她女儿一顿狠狠地训斥，其中目击者就包括这位母亲——真是不幸的巧合。我真希望当时有一架外星飞船能着陆在操场上，把老师、孩子、家长都运到外太空去。他们全都失控了。我该怎么办？在迫切需要一个解决办法的时候，我建议放学后与老师召开一次会议。这位母亲坚称她的丈夫只要一个电话，立马就能到学校来找我谈谈。很显然她觉得她的丈夫能挫挫我的锐气。那位父亲不久就到了，草草地扫了一眼我的蜜蜂装扮，就缩到了办公室的角落，一言不发。他显然觉得最好是只见其人，不闻其声。他的穿着打扮似乎并不像万圣节装扮，他好像随时都会从夹克里面掏出一把手枪似的。

母亲再一次绘声绘色地叙述了一遍女儿蒙羞的经过。再次讲述只让她更加怒火中烧，要求我立刻解雇这位老师。这可是聘任终身制，真是异想天开的想法。那位父亲此时仍一言不发。我们双方达成了一致，等放学后与老师见面了解更多的详情，这时那位父亲颔首表示了同意。他最后一次从头到脚仔细打量了我之后，就安静地随着妻子离开了办公室。

游行一结束，我就赶快把衣服换下来，赶到三年级走廊，简单和老师讲了一下有关开会的事宜。"保持冷静，耐心听他们说，随时准备为自己的失态道歉。"我这样建议道，"首先，不要反驳，也不要抬高你的音调。"真庆幸那天是周五，能有一个周末来平复我的情绪。

谈话进展正如预料之中那样顺利。我们都认为他们女儿的行为确实不大妥当，我们也都一致同意（甚至老师自己也赞同）老师的行为有些失宜。我甚至哄着那位母亲为自己先前扰乱学校秩序、不礼貌的行为道歉。但是那位父亲自始至终保持缄默。他似乎乐于做个旁观者。当所有人走出我的办公室的时候，已经将近下午五点了。那位父亲走在最后面。到达门口的时候，他忽然俯下身，朝我眨了眨眼，在我耳边低语："我更喜欢你穿蜜蜂装。"毫无疑问这是一句最性感的评论，但在我这样一位普通校长的人生中，这样的一天只能用"不太好、真糟糕、糟糕透顶"的评价来为其画上完美的句号。

之后的几年里，我与易怒、不安、神经紧张或者易狂躁的家长打交道已经成了家常便饭。我不再紧张得双手出汗，心跳加快，身上长包。我游刃有余，变成了能干的管理者，能用技巧平复那些最易怒的家长，搞定那些最难缠的父母。在之后的几章里，我将分享那些帮我解决难缠家长的对策。你将学会如何信心满满地与"家长这类人群近距离打交道"。我确信在遇到困难时此书可以让你找到对策，并逐渐遂心满意。

我所定义的"狂躁"

1997年，我第一次建议用这个书名的时候，少数个体发出了反对声，这些人都在心理健康领域工作，但却没做过校长。他们理所应当地觉得与"狂躁"（crazy）这样耻辱性字眼沾边的只能是患有精神疾病的个体。然而，教育工作者们都对这个字眼产生了共鸣。失控的家长都对他们进行过要么口头上、要么肢体上的侮辱。这本书的第二版，也和第一版一样，我用了挖苦的字眼，特指那些烦扰别人的非理性行为——不论它的原因是什么。家长当然可以生气、不安或神经紧张，但不能失去理智。事实上，多数情况下教育工作者会感到义愤填膺。当父母的行为越过界限、态度不再友好、行为不再彬彬有礼，而变得危险、充满敌意、恶意中伤、威逼利诱、颐指气使或者咄咄逼人（无论是以主动的还是被动的方式）的时候，并不仅仅是家长变得狂躁了，连教育工作者都多多少少被逼疯了。我很体恤我的同事、朋友和家人，他们要对抗沮丧、焦虑的情绪，和一些我不清楚的混乱。

本书适用于哪些读者？

我写的《教师：如何与问题家长相处》（第二版）这本书适用于以下读者群：

- 各个教育阶段的校长，希望增强与家长打交道的能力，建立富有成效的学习社区。
- 指导员、导师或者教练，他们旨在鼓励与他们共事的校长变得更自信，与家长的关系更融洽。
- 学院或大学讲授学校—社区关系课程的老师或者校长希望未来雇用的接班人能应付不同类型的家长，积极互动。
- 工作中要与各种各样愤怒的家长打交道，并监督、训练、指导地区校长的总局管理人员。
- 考虑校长职位的班主任，希望在与家长的互动和关系问题上拓宽视角。

本书的特色

《教师：如何与问题家长相处》（第二版）包括以下诸多特色和补充内容：

- 在面对越来越多变得不理智、失控的家长时，增强了应对措施。
- 更新了参考资料和实例。
- 全新的结论部分包括"十个目标，一目了然"，让你保持稳定的学校—社区关系。
- 更新更易操作的健康学校氛围标准核对清单，帮助确定你的学校文化和氛围，究竟是支持家长还是将他们逼到忍无可忍的境地。
- 综合辅导员指南，包括情绪激励、有声思维、角色扮演的建议和对话问题等部分。

内容概述

第一章探讨今天的家长以及在学校引起误解的关键性问题。

第二章讲述各种应对易怒、不安、神经紧张、歇斯底里的家长的对策。本章将帮助你安抚神经紧张的家长，平复他们的不安情绪，熄灭即将爆发的怒火，从而可以在下一章中进一步探索和采取行动。

第三章解释了许多有用的探索和行动策略，比如七个问题解决步骤，确保快速解决让家长担心和忧虑的诸多问题。

第四章的题目为"营造健康的校园氛围"。读完这一章后，你就可以分析校园环境，判断你的教职工队伍是否在创建一个健康、快乐的氛围，还是在不知不觉中营造了一个不和谐的校园环境。

第五章囊括了诸多前瞻性内容，你可以借此成立一个家长社团，这里的家长能给予帮助和支持并全面参与其中。

结论部分总结了本书的要点，帮助你将任务焦点集中在与家长保持积极的关系上。

本书最后的辅导员指南，帮助你组建读书学习小组，为你所教的下一门大学课程提供教学计划，或者为个人反思和目标设定提供建议。

在本书中，引用了许多老师和家长的实例，他们愿意以匿名的方式将自己的经历和看法收录于本书中。

第一章　为什么有如此多易怒、不安、神经紧张、易狂躁的家长

> 欲被理解，先理解人。
>
> ——斯蒂芬·柯维（Stephen Covey）

这里充斥着许多质疑、抱怨的声音和毫不掩饰的敌意，而且这样的情绪同样都存在于校方和家长的队伍中。家长无论是从心理上还是经济上，都不再像以往那样愿意支持校方的工作，而在第一线的教育工作者也开始越来越多地抱怨对家长的诸多不满。公共议程①的一项投票结果显示，绝大多数的老师（81%）认为孩子学习不努力、不守纪律的根源在于父母没有把他们教好。另一方面，一些教育工作者开始给家长贴标签，称他们为"直升机"和"引擎"，因为他们不停地在周围盘旋干扰，过度地参与校内外事务。几乎一半的校方负责人在调查中称他们花费了大量的时间来应付抱怨的家长，而家长和校长之间也并非声气相投。大都会人寿一项关于美国老师的调查：学校领导的考查显示，"投票的家长中有一半都认为校长与家长的关系，并非友好或相互尊重的，这种关系也没有在孩子的学校生活中起到支持的

---

① 公共议程：非营利组织，帮助各种各样的领导和公民调查复杂多样的问题。以无党派的方式研究和参与，为人们提供支持和深刻见解，解决工作上的重要问题。

作用"。尽管被调查的校长在报告中称他们经常与家长们见面,而这却与家长的看法背道而驰。"家长们觉得校长没有优先考虑他们的感受,然而校长们似乎并没有意识到家长的不满"。每当家长的支持对提高成绩至关重要时,许多家长都觉得他们被学校疏远,而且不受欢迎。

我个人无论是作为家长还是校方负责人,都遭遇过学校问题。我曾经也易怒不安、神经紧张。我还能想起有一次我女儿的校长小声嘀咕说:"这女人是疯子。"当时我火冒三丈地离开了办公室,而问题也没能得到解决。我非常清楚当家长们遇到问题却没有人愿意解决时,会有怎样的心情。作为管理者,我也遇到过情绪过度紧张、行为过激的家长,这些负面情绪导致他们无法清晰地看清问题本质,干脆利落地解决问题。教育工作者们无法忽视这些焦虑不安的家长,因为当父母对学校(和校方负责人)不满时,他们的孩子就得承担后果。教学指导者一个主要的职责就是,对学生、员工和家长保持积极正面的态度,确保所有的学生可以安心学习。这就包括"在考虑学生、老师和家长问题时,展现开放的姿态,表达深切关怀,在恰当的时候参与问题的解决"以及"塑造恰当的人际关系技能"。我们是教育政策的前沿解读者,对任课老师的素质和能力负有责任。我们"负责营造一种校园环境,其中所有个体,无论长相、种族、信仰、性别、社会地位、身体健全或残疾,他们的自尊和价值是至高无上的"。

尽管有许多忧虑烦恼的家长走进你的办公室,但不能让他们抱着同样的情绪离开。他们能心满意足吗?不能。你总是赞同他们的看法吗?当然也不是。但你是不是应该仔细聆听他们说的每件事,积极地提出有意义的解决方案呢?自始至终都要这样。面对积极配合的家长,你很容易展现和蔼可亲的一面,那么面对喜欢质疑、谴责人的家长你该怎么办呢？首先，试着了解他们之所以这么想的原因。在许多情况下，他们的焦虑表现都是有迹可循的。我必须提醒你，在你看完本章之前，你可能挫败地合上这本书不愿继续往下读。对那些搅乱父母心绪的情景冗长且无聊的描述，可能令阅读枯燥无味。即使家长表现的敌意并非因你而起，你却要应付他们，所以多获取信息，试着了解他们再想对策，何乐而不为呢？

今天的父母

美好的往昔已烟消云散。由于他们的智慧和地位，教育工作者被家长们尊敬爱戴的时代已不复存在。如今，我们必须以一种老套的方式赢得尊重：为之努力。一位饱受指责的管理者曾经对我说："20年前，我唯一需要做的就是让老师和父母之间和和气气，而现在我需要做出成绩。"今天的父母是截然不同的物种——对教育的老生常谈他们抱有怀疑态度，能迅速地指出管理者和老师的愚蠢言行、前后矛盾、回避的态度和不称职的工作能力。家长不希望我们在做出对孩子有影响的课程选择、教师雇用和决策制定之前，没有利用常识，给出充分的理由，或用科学的研究方法来通知他们这些决定。对这种"只要相信我们就好了"的说辞，他们十分反感。你会发现这样的家长可能随时等待在你的办公室里。

对权威的敬畏感淡薄

不被家长尊重的情形处处可见——在与老师的交流中，公开会议上，特别是他们对待管理者的态度。学校董事会上硝烟四起的情形早已司空见惯，曾经理所当然的礼仪现在看起来却极不寻常。当然，教育工作者绝不仅仅是唯一与灰心丧气、心怀敌意的客户打交道的中层管理者。然而一旦孩子陷入危险，家长立马大发雷霆、暴跳如雷，情绪波动比他们的汽车抛锚或更改手机套餐时还要大。与不懂尊重为何物的家长打交道，我们在解决问题前需要做的，首先就是要与他们建立和谐的关系，并赢得其尊重。

对教育领域更熟知

  1997年这本书发行第一版的时候，我对市面上的书籍做了大量的调查，看看哪些书适合受过教育的家长。我极其渴望找到一条内线，确保能得到优待，以便在公立学校能有最优秀的老师为孩子们上课。当非洲裔美国人开始改良这类书，将目标群体指向非洲裔美国家长的时候，就开始响应早期出版书籍的主题——积极主动、抱有高期望值、事无巨细地参与一切学校教育事宜。非洲裔美国作者出版的另一类书籍力图阐释语言的文化问题，并将之划到少数族裔学生成绩这一类别中。

  除此之外，今天的家长能点开谷歌，查到很多民众围绕《一个也不能落下的法令》(*No Child Left Behind Act*)的热烈讨论，他们从中可以了解辍学率、分类数据、标准化测试、可比较学校和校区数据。哈塞尔（Hassel）用"挑刺家长"这个词专指那些受过高等教育、有辨别能力的家长，他们对学校的决策了如指掌，十分清楚自己对学校的需求。在学校摸爬滚打多年的管理者对挑刺家长也有自己的定义——永远不会满足的人。

比以前更易怒

许多家长都同意，教育工作者处理他们敌意的最好办法就是与之开诚布公、据实汇报。然而很不幸，那些遭受长篇大论、愤怒指责的教育工作者们，仍然没搞清楚家长如此宣泄的原因。而愤怒的家长将责任推给校长，态度也很恶劣。事实上，身经百战的你肯定知道，家长会持续不断地恶意相向，最终怒气也只会有增无减。

愤世嫉俗且心存疑虑

今天的家长是我们整个社会的缩影，那些曾经辜负了他们信任的机构，令家长无法再产生信任感。他们不相信是因为我们只有嘴把式。家长们想看到学校的预算方案，了解课程体系、测试成绩和研究报告。与过去相比，他们更加质疑我们的判断，对任何解释都鸡蛋里挑骨头，甚至还要求获取更多的信息。家长们都读过像《自我感觉良好课程：以自尊为名义，美国的孩子正在呈现弱智化现象》（*The Feel-Good Curriculum, The Dumbing Down of America's Kids In the Name of Self-Esteem*）和《无知的阴谋：美国公立学校的失败》（*The Conspiracy of Ignorance: The Failure of the American Public Schools*）这些书，他们甚至相信学校管理者参与了一个巨大的阴谋，意图掌控孩子们的心智。

活跃分子

如今作为学校的管理者，要时刻对家长的介入做好万全的准备，因为发生的状况远比糕点售卖要复杂得多。互联网为那些喜欢质疑当地学校状况的家长，提供了理想的途径，他们总想和别的学校比一比、查一查。如果你从未访问过教育消费者网站，那就点击伊利诺伊循环（Illinois Loop），"网站载有伊利诺伊教育问题的相关信息，给作为教育消费者的家长、纳税人和希望恢复伊利诺伊学校教学质量的每个人提供服务"。另外，国家消费者网站还搭建了论坛，为那些质疑课程、教学法和政策的家长答疑解惑。

大卫·马修斯（David Matthews）在他的《公立学校有公众投入吗？》（*Is There a Public for the Public Schools?*）一书中写到，公众对公立学校的作用抱有一种模棱两可的态度。人们想要支持公立学校，同时又希望自己的孩子能接受好的教育，然而逐渐地，他们发现这两者之间是相互冲突的。许多家长在他们认为不可沟通的问题上遭到阻碍时，会深感沮丧，为此让孩子从公立学校转学。然而令人惊讶的是，就是这些家长经常活跃于社区活动，甚至拥有、经营学校的董事席位，又或者组织成立了学校的监督小组。

神经紧张

现在许多家长的生活复杂多变，他们制订每日计划，使用好几个手机，雇用好几个保姆照顾小孩。也有一些家长完全将精力奉献给了工作，需要同时做三份兼职来维持生计。不论是生活优越还是勉强过活，大部分的家长都极少有足够的时间负起应有的责任，每天能腾出15分钟与一个孩子享受时光，都简直是痴人说梦。这些家长指望着学校能填补这种缺失。大多数家庭面临的这种时间短缺问题，导致学校的学生、老师和管理者压力倍增。家长们希望自己在工作中不被打扰，教育工作者都能解决孩子的所有问题；挂钥匙儿童和重组家庭也给学校系统增加了额外的负担。

忧心忡忡且担惊受怕

将教育视为孩子未来希望的家长们，十分担心学校的课程质量打折扣，教学缺乏标准，老师未经过恰当培训或能力不足，学生行为失控等这些问题，会使孩子丧失机会，无法掌握成功人士所必备的技能。在家长看来，他们所住街区的学校存在纪律制度、基本技能和道德价值观缺失的问题，家长担心即使实行《一个也不能落下的法令》让孩子转学到其他学校，也都于事无补。

这种现象背后的真实原因是什么？

易怒、不安、神经紧张、易狂躁的家长盛行的原因主要有四个：

- 我们生活的世界错综复杂，深深地影响了我们的情绪，经常会助长人与人之间的敌意，使人易狂躁，做出失控的行为。
- 教育工作者经常无意抑或有意地做些、说些扰乱家长心绪的事情。
- 教育经常在哲学和方法论之间摇摆，它是反抗逻辑的一种稳定恒流的创新，经常请求公众投入更多的资金来解决问题，从而在一些人心中形成了某种看法，认为教育工作者不清楚自己在做什么。
- 家家有本难念的经，抑或家长个人有一些心理、情绪和行为问题，这些都影响了他们与各类人尤其是教育工作者打交道的方式。

理由1：生活压力重重

几十年前，当我刚步入教师行业的时候，生活很简单。所有学生返回家中吃饭、午休，老师们惬意地享受一个小时的时光，与同事们谈谈心，或者备备课。我甚至还能利用午休时间去附近的自助洗衣店洗衣服。而现在，老师们仅有30分钟的时间在咖啡厅狼吞虎咽地吃三明治，还得抽空打电话烦扰家长。大多数管理者完全没有"午休时间"。

如今我们生活的世界压力重重、节奏飞快、局势四分五裂。C.莱斯利·查尔斯（C.Leslie Charles）提出了十个理由解释为什么"每个人都如此暴躁"，其中一些可以帮助我们理解为什么有如此多易怒、不安、神经紧张、失控的家长。但很不幸，管理者和老师们也遭受着同样的社会和文化压力，或许这就解释了为什么教育工作者和家长平和交谈的情形鲜有发生，他们难以静下心来相互聆听，达成一致。

查尔斯描述了三种令人们变得更加暴躁的趋势：时间紧迫、超负荷沟通、联系中断。我们的生活就像快进播放的影片一样节奏飞快；睡眠不足，过分依赖糖分和咖啡因，不间断的通信持续骚扰着我们。手机的语音信箱、电子邮件，来自空运、联邦、UPS的快递对我们狂轰滥炸，更不必说电话推销霸占着线路，病毒侵蚀着电脑。很不幸，这些超负荷沟通未能在人与人之间建立有意义的纽带，原因就在于我们基本无法面对面地交流。

理由2：教育工作者的做法令家长不爽

教育工作者惹恼家长的做法可以列一张长长的单子，尽管你没有做过上面所列的任何事情，你也肯定会遇上一些家长，他们根据以往和老师打交道的经验，用极不友好的态度对待你。在你辩护和解释前，先试着理解这些家长。为什么他们越来越频繁地爆发怒气，你需要知晓以下几个原因：

缺乏沟通

家长发火的最主要原因就是缺乏沟通。到了学年的第二周，校长批准再雇用一位三年级的老师，来缓解学生过多的压力。一边兴高采烈地解决了问题，一边校长却在考虑是否有通知家长和学生的必要，因为要重新打乱、组织排班。孩子心烦意乱，家长火冒三丈，而校长却独自舔着伤口，收拾残局。

在做出重大变革前，未能让家长参与或事先通知，都会让他们怒火中烧。公众听证会、时事通信、咨询委员会和民意调查占用了人们大量时间，却没有解决人们所需，但是信息分享和讨论却能平息怒火、制止流言。在东部的小型社区，解决学生人数过多的办法，就是将幼儿园班级转移到闲置的中学教室。想象一下那些疯传的谣言，孩子们在停车场被酷爱引擎的青少年开着改装的高速汽车撞倒在地。考虑一下是否有这种可能性，仅仅是幼童的他们接触到一些青少年，这些人肆无忌惮地在走廊里吸烟、亲热。更有甚者，想象一下给面带稚气的五岁儿童提供毒品的景象。在公开会议和联合解决问题之后，早期的儿童教育计划由中学学生（品学兼优的学生）来承担，被证实是一项创新的教育理念，值得所有人参与支持。

如果在管理层缺乏沟通，会惹许多家长生气，但如果在老师和家长之间难以保持信息畅通，所有父母都会大动肝火。他们讨厌出乎意料的事。如果在某个学区，家长们经常意外收到不合格的成绩单，致使他们愤然抗议，监督人就需要撰写期中报告对此做出反应。

教育工作者不断强调沟通的重要性，家长活跃分子丹尼尔·沃尔夫（Daniel Wolff）在《教育周刊》（Education Week）发表的一篇文章中说："'我们必须改善沟通技巧'是管理者最爱的教育工作者声明。一旦没有任何宣传，关于召开如何让孩子进入高级班的会议——或者私下通过提议，为特殊教育领导者增加5 000美元工资——这个街区就会宣称必须要改善沟通技巧。对家长来说，一个有用的经验法则就是，假设当你听到这句话时，你已经无意中发现了一个秘密。"

联合对抗

不倾听家长对问题的看法或不和牵扯其中的孩子交谈沟通，就不假思索地支持老师来对抗家长和孩子，这样的情形在"令家长恼火的情况"名单中，位居前列。我把这种做法叫作"联合对抗"。众多老师认为，管理者的首要责任就是无论他们做了什么，都要给予支持。然而，当老师虐待孩子（从心理上或是身体上），浪费他们的时间，又或自由支配课程时，家长很难理解为何管理者要为做错事的人辩护或掩盖。

思考这样一个案例，加利福尼亚州伯克利校区曾花费115万美元，意图了结一件诉讼案——九名女学生和五位母亲声称该校区玩忽职守，针对老师性虐待的指控，未能实施展开调查。这位遭受指控的老师人气颇旺，因此没人相信这些学生的说辞，即使他们出庭指证，学校还是继续联合起来展开对抗。

百般阻挠且毫无骨气

你承诺想办法解决某一问题，然而却毫无动静，或者你保证给家长回拨电话，然而却找不到联系方式，这些做法都会令家长心生厌烦。假设知道学校存在纪律问题（比如操场欺凌、卫生间吸烟、餐厅造反）或迫在眉睫的人员问题（比如老师骚扰学生，教导徒劳无益，课堂失控），却由于恐惧、冷淡或仅仅因为简单的优柔寡断而选择视而不见，是一种十分冒险的做法。

在威斯康星州阿什兰，九人联邦陪审团认定该校区有罪，因其未能保护一名同性恋高中生免遭同班同学言语侮辱和身体虐待。该案件最终以支付100万美元的赔偿在庭外和解。在此案件中，该学生的同班同学对他实施了长达六年时间的暴行，尽管该学生的父母不断地向校区警卫控诉儿子所遭受的虐待，但是管理者却没有采取任何措施，假装什么事也没有发生过。

假定设想和陈词滥调

因为婚姻状况、宗教、信仰、性别、肤色、种族或社会经济地位而给我们贴上标签，任何人都会愤怒，包括家长，这是无可非议的事实。不要因为我希望孩子学会拼读法而去教堂礼拜，就给我打上右翼保守派的标签。如果我是单亲母亲，不要假设我忽略了孩子，不要仅仅因为我贫穷，就认为我是懒惰的废物。

防御状态

当家长质疑我们的行动或动机时，我们往往会采取一种防御的姿态来应对，虽然这是理所当然的本能，却不是一个明智的做法。这种防御行为无疑会加剧矛盾激化，使原本一场冷静的讨论变为双方之间愤怒的争执。当处于这种状态时，我们会显得内疚、愚蠢和不诚实。所有这些表现只会火上浇油，让想要答案或解释的家长恼怒不已。

失信

校长们有时头脑一热，就许下了无法信守的承诺。"公交车会停在你家门口。"家长之后才发现公交车站离家还有半公里远。"对的，没错，明年我们会聘请一位中学乐团指挥。"结果家长在报纸上看到，学校董事会在最后一次会议上决定将音乐老师的人数增加一倍。"即使没有满屋的学生，我们仍然有课程紧凑的数学课。"然而最终却只有一个学生参加，数学课被迫取消。不论是不是因你的缘故计划改变（通常都不是你的错），气愤的家长只会永远记住你失信的事实而啧有烦言。

气势汹汹、居高临下、苛求责备

教育工作者可以采用很多方式不动声色地恫吓家长：许多时候都是毫无意识的行为，但却造成了十分严重的伤害。我们在通知家长前来开会时，从没想到询问他们的时间是否方便。我们也不会提前告知会议的内容。而一旦将他们带入办公室，我们就在一张宽大的写字台后面，倚在超大号座椅中，尽可能地离家长越远越好。间或，我们还尖酸刻薄、咄咄逼人、贬损人格。我们甚至还请来专家团队，支持职员在气势上压倒独自前来的家长，但却没有事先问过他们是否要带同伴一同到来。我们可以肆无忌惮地在会议中途接起电话，或者毫无预

兆地退出会议。我们总是阐述并非询问,控诉并非聆听。一位沮丧的家长这样说:

我真讨厌学校负责人这样和我说话:"你必须为你的孩子(或和你的孩子)这样做。"我不是老师。我有一技傍身,但教书不是我的行当,老师将孩子学习不好的过错归咎到我身上,让我非常灰心丧气。相信我,这种事经常发生。可是终究老师才应该是行家,不是吗?

盛气凌人、粗鲁无礼

教育工作者盛气凌人、粗鲁无礼地对待,会在家长心里留下挥之不去的阴影。他们觉得人格遭受了侮辱却无能为力。听听这位家长给学校管理者的建议,最近他刚经历了一场十分不愉快的体验:

对待父母的态度好像他们没长脑子一样(有些人可能比你们还要聪明得多)。不要盛气凌人地回答问题,即使知道要做一个不受欢迎的决定,也要学着应用交际手腕,至少听完反对意见,认可他们的看法。

不诚实

校长不会经常谎话连篇,但是一旦他们说了谎(通常意图掩盖他们所犯的愚蠢错误),家长和校长之间的关系将会毁于一旦。小小的善意谎言可能极具诱惑性,但千万别冒险尝试。经常被引用的一句古语说道"地狱里的烈火抵不上遭受蔑视女人的怒火"。而我的演绎便是"地狱里的烈火抵不上遭受愚弄家长的怒火"。

有时,不诚实往往是因为"忘记"与家长分享重要的信息。在内布拉斯加州林肯市,学校忘记告知家长,该校正被一群褐皮花蛛侵扰。直到学年末，一位老师才将消息透露给社区。校长之所以隐瞒消息的说辞是：蜘蛛是夜行动物，因此他不认为孩子们会有危险。

最大限度地保持政治正确性

为了营造一个安全、宜人的校园环境，教育工作者严禁将武器、药物等危险物品携带进校园，也不允许性骚扰和亵渎行为的发生。如果要问这些政策值不值得提倡，我确信大多数家长都会抱有疑问。当教育工作者失去理智，因为学生把止疼片带进校园或者亲吻同班同学的脸颊这种事，就要勒令其休学，你能抱怨家长质疑你的做法吗？严格遵照法律条文执行过度，因为害怕吃官司，一些教育工作者首当其冲地成了脱口秀喜剧演员和报纸专栏作家的攻击对象。在匹兹堡的一所学校里，学生行为准则中明令规定禁止亵渎行为。一名二年级的学生因为说了"地狱"一词，而被勒令休学。因为同班同学说了句"我向上帝起誓"，她警告这位同学亵渎上帝之名将会下地狱，因此这个七岁的孩子遭受停学处罚未免有些小题大做。她的宣告是圣经式的，但在政治立场上绝不是正确的。女孩的父亲是名警探，他说他们所有家庭成员都对上帝怀有无比的尊敬。

不愿承认错误并为此道歉

每一位管理者都会犯这样或那样的愚蠢错误，但通常家长都会原谅他们的错误判断或一时糊涂做出的蠢事。家长所不能忍受的是教育工作者不愿承认错误，并为之道歉。我整理了一些学校和校区曾经欠考虑的做法，尽管所有的政策和监督都已到位，这种事情仍然持续发生。加利福尼亚、宾夕法尼亚和佛罗里达州的几所学区向家长寄送信件，警告他们肥胖超重的孩子所面临的高危风险。这些信件已被新闻报道，但是迄今为止没有一个学区的人愿意为此承担责任。许多收到信件的父母指出，这些并不是家长的过错，学校的午餐很不健康，脂肪含量高达30%；家长也没有权利控制学校餐厅里摆设自动售卖机，无法禁止其售卖高热量的饮料和小吃；而最近取消体育课的决定也令情况雪上加霜。

从不因家长了解孩子而称赞他们

家长都愿意了解自己的孩子，但令他们大为光火的是教育工作者总认为专家才是最了解孩子的人。一位家长讲述自己被排挤在外的沮丧感受：

最令我头疼的一件事就是，学校负责人总认为他们了解得最多。我个人认为通常是家长最了解孩子。有时他们对学生在校所学忧心忡忡，开始将孩子划分等级。他们自以为是地认为某种方法适用于某类孩子，不会征求家长的意见。

对家长和孩子缺乏尊重

管理者经常受到控诉，因为在面对受教育程度低或经济困难的家长时他们缺乏尊重，令这些家长甚为恼怒。管理者们用高人一等的态度或利用家长的无知来对待他们，然而却从不会用这种态度来对待家长教师协会主席或首席执行官。出于来自父母的压力，制定纪律、奖励制度，把"值得重视"的孩子分配给最好的老师，让内部精英圈的孩子获取福利，这些都让穷人家的孩子垂头丧气。别认为他们不清楚究竟发生了什么。

询问意见却从不采纳

教育工作者总是邀请家长参与当地的决策小组,令家长认为这是真心实意的邀请,希望他们也参与其中。但通常情况下,教育工作者只希望走个形式,这样他们可以说:"我们征求了家长的意见。"而家长的推荐要么被重新考虑,要么完全被忽略,令家长颇为恼火,认为自己的权利被剥夺了。

缺乏专业素质

管理者经常做一些引发家长不满的事情,比如对家长的隐私说长道短,当众诋毁家长和孩子的人格,甚至当老师犯上述同样的错误时,他们也都视而不见。

理由3:教育和教育工作者辜负了家长的期待

记者罗伯特·霍兰德(Robert Holland)写的一本书名为《不要这样对孩子》(*Not With My Child You Don't*),书中将家长为什么易怒、不安或神经紧张的原因总结为三大类:他们认为孩子所在学校的所作所为要么弊大于利,要么毫无益处可言。

学校或辖区范围内学生学习不足

虽然许多家长不了解拼读法和整体语言教学法支持者之间的争论,抑或过程写作、传统语法和拼写之间的区别,但他们仍然关心孩子能否学会阅读写作,如果他们没有学会,家长心知肚明。教育工作者如果仅仅告知要"相信我们",这样并不能减轻家长的担忧。事实上，对问题做出这样的反应，不再追问新课程的实施能否提高学生的学习成绩，不但不会让家长高枕无忧，只会令他们惴惴不安。

如今，在检测学生的学习成绩能否提高方面，我们没有可靠的方式。传统的标准测试不是检测思维技能、问题解决能力、创造力、沟通技巧和协作精神的恰当方法。先前提到的初步成功指标（包括高等教育率、高出席率、较少的纪律问题、大学升学率高、学生和家长对成绩提高的满意度评价的增加），加上核心教育工作者、主要业务和诸多决策人的鼎力支持，使人们有充分的理由确信，调整重组会被迅速接纳，成为提高学生成绩的一条成功途径。

本质问题：学习能力或行为控制力不足

当孩子被老师忽视、成绩落后的时候，家长会感觉到学校没有人对此表示关心或做出反应。我的个人网站上有关阅读问题的内容引起了一位母亲的注意，她最近给我发邮件咨询。上一年级的女儿阅读能力迟迟不能提高，这位母亲和她的丈夫担心是学校老师教育无方所致，于是带着女儿去诊所做了私人评估，最终被诊断患有学习障碍症。他们立即在诊所为女儿报名参加了科研型多感官阅读项目，效果立竿见影，女儿的学习成绩进步飞快。上了额外辅导将近一年多的时间后，这位家长最终要求学校对此承担责任。校方颇不情愿地辩称孩子经过了多次辅导仍然无果，存在这样的学习障碍问题，他们不愿指派老师采用多感官的手段来帮助孩子提高成绩。相反，校方提议采用阅读恢复方案，但这种方法与课堂所应用的方式颇为相似，已被证实效果欠佳。

这位垂头丧气的母亲写信告诉我说，"如果校区无法为孩子提供这样的辅导，我们难道没权利要求赔偿吗？我以为《一个也不能落下的法令》本应该确保满足所有孩子的需求。我知道这种想法听起来十分天真。我只是不敢相信，像我们这么富有的校区，家长都十分关心孩子能否进常春藤大学，他们却提供如此的服务来帮助我的女儿。"这位家长已经彻底从忧心忡忡变得歇斯底里了。

价值观的沦丧

许多家长担心他们所珍视的道德品行和礼仪举止正在逐渐消失殆尽。家长眼睁睁地目睹学校给孩子发放避孕套，这些让他们感到心灰意冷。中学辅导员带着孩子前往县健康诊所，开具口服避孕药，做子宫颈抹片检查和艾滋病病毒测试，然而，却口口声声地告诉家长，这些事都与学校无关。

加利福尼亚州安条克市一位名叫帕姆·安吉洛（Pam Angelo）的家长多次拒绝让孩子参加十年级的一门课程，这门课程会向孩子个人询问抑郁、药物、悲伤等话题以及家长在家谈论的有关问题。她并没有要求校方更改课程，只是不允许孩子参与学习。为了达到目的，她甚至不惜提起诉讼。在赢得了诉讼后，最终允许他的儿子上替换课程。

越来越多的人认为学校正在削弱父母的权威，剥夺他们的权利。德纳·麦克（Dana Mack）说："家长失望的原因，在于家长和学校在认知方面存在不可逾越的鸿沟，在他们看来，道德指示、规则和权威对孩子教育最有益，而课堂散发的自主和'选择'意识对孩子的教育毫无益处。"

缺乏资历丰富、才能兼备的老师

家长最根本的担心就是学校的师资问题。他们十分清楚，每个学年是天堂还是地狱，完全取决于孩子的老师。一位家长举了一个关于老师的例子：

我很尊敬优秀的老师。我的孩子接触过一些非常好的老师，我和他们相处也很愉快；也有一些很差劲的老师，让我非常抓狂。

懒惰、笨拙、粗鲁的老师——毛病涉及方方面面。我的孩子遇到好老师的时候，我愿意做任何事协助他们。但很不幸，我发现大多数优秀的老师都在私立学校就职。那里的老师不唯利是图，真心热爱着学生。

不称职的老师由工会保护，每年只需得过且过、碌碌无为就能加薪晋升，这样的想法令家长忧虑重重。当孩子碰到不称职和不值得信任的老师时，能力、任期问题和无力感常常使许多家长手足无措，刺激他们对公立学校和其管理者大发雷霆。

安全感缺失

学校的治安问题一直令家长惶恐不安。国家教育数据中心的报告指出，1999年至2000年，美国73%的公立中小学都至少发生过一次暴力事件，包括强奸、性暴力、有无携带武器的身体攻击和斗殴、有无携带武器的身体攻击威胁、有无携带武器的抢劫，共有大约150万件。过去几年，全国学校发生的谋杀和故意伤害案，媒体都大肆报道，曝光率极高，而数以万计的暴力事件却无人问津。家长们担心也不足为奇，特别是住在城区或贫民区的家庭，更为担惊受怕。

勉强选择师资薄弱的学校

条件优越的家庭不仅可以付得起账单，还可以选择最好的公立学校或最昂贵的私立学校。但是那些经济困难的家庭，他们别无选择，勉强进入二流学校上学，心中不免产生担忧。拜生活的环境所赐，这些家长看到成绩单和学校的财政支出状况后，就能立马判断出他们的孩子未能受到良好的素质教育。家长的恐慌和不满引发了学券制和特许制学校运动[①]。

理由4：家长存在个人问题

相当数量的家长都带着个人问题走进你的办公室，常常令人困扰不堪。这些问题与孩子、学校的任务或一般教育可能并无直接的关系，但却是影响着孩子能否成功的因素。那么如何辨别这样的家长呢？这里罗列了几大类别：疏远型、分居型和离异父母；学校狂热追随者；抱怨者、闹事者和牢骚者；有虐待倾向的父母；瘾君子、行为异常和患有精神病的父母。

疏远型、分居型和离异父母

想象一下，作为一名管理者，如果你所在的校区，婚姻状况出现问题的家长没有把分歧带到学校来，你应该庆幸至极。毫无疑问，大多数读者都遇到过一些家长，比如无监护权的父亲写信给校报编辑倾

---

① 学券制和特许制学校运动：一种前沿的学校运动，旨在扩大家长在教育方面的选择。学券制是指利用公费奖学金支付私立学校学费；特许制学校是指由公共资金资助的学校，但是不受公立学校的传统管理，可以自主经营。

诉他的苦衷：

"我观看儿子的篮球比赛时被拘捕，在拘留所待了12个小时。我的前妻企图控告我违反限制令。但是指控没有成立，因为七天前我已将书面通知发给她的律师，告之我会来观看比赛。我试图与儿子所在中学的有关责任人书面沟通但未得到任何回复，索要成绩单复印件的请求也被无视。学校应该让离异父亲更加容易地融入进来。"

学校的管理者很快给这位父亲写了回信，说明了学校的情况：与疏远型、分居型和离异父母打交道着实不易。她这样写道：

作为高中副校长和小学校长，我必须将与离婚和监护法令有关的各种监护令、限制令和法院指令编入目录。我知道学校在孩子的出勤卡上印了许多提示，提醒哪一天哪位家长可以带孩子，这些肯定会让你头晕目眩。曾经在返校日，我坐在教室中，亲眼看见家长和继父母之间暗潮涌动，让在场的老师苦不堪言。

所以停止吧，学校可不是停火区，孩子们不是战俘可以来回交换。如果秘书和管理者要一遍遍地被告知，哪位家长没有出席，他们需要和谁联系，那么学校就没法正常运营。如果老师们需要用记分卡记录家长的生活安排，那么他们也无法好好教课。如果需要出庭做证时，老师和学校职工不应被卷入是非，要求站队。总之，让学校远离你们的战争和争斗。许多属于这种类别的家长可以处理离婚等日常压力，但是想让孩子在学校表现良好，大多数人都需要特殊的处理方法。

学校狂热追随者

这些家长喜欢掌权。他们从不回家，生活始终围绕着学校。除了想要控制、获取信息和参与，还想要更多的掌控。他们就像被宠坏的孩子，总想不择手段地索求。最初，学校狂热爱好者可能看起来非常关注学校，对工作给予大力支持，但是不要惹怒他们或者对他们说"不"字，不然他们会纠缠你、操纵你、蓄意攻击你，并且能完美地向你实施个人报复，摧毁你的事业。学校狂热爱好者是一群聪明却自卑的个体，他们缺乏自信，之所以显露自己的个人价值，旨在让你搞清楚谁才是发号施令的人。他们通常接管家长协会组织，其中许多人还利用个人议程竞选校董会董事。

抱怨者、闹事者和牢骚者

这类家长居心叵测、别有用心。他们喜欢恶语伤人，而非就事论事。不希望有人为他们和孩子做些什么来改变现状——只是一味地抱怨。这些家长不喜欢任何人，尤其他们自己。孩子也永远无法取悦他们。而你，作为教育工作者，本期盼着他们是一群亲切、温暖、好相处的家长，但是却从这些乖戾、不讨喜的家长那里接收到更多的辱骂和侮辱。

有虐待倾向的父母

这类家长会从身体或精神上虐待孩子。有迹可循的事件中，你有义务走法律程序将虐童事件报告给有关当局，但是有时情况十分隐蔽，你必须采取谨慎的态度，用巧妙的方式来与之对抗。有虐待倾向的父母教育孩子的方式有时有欠妥当，他们拳打脚踢，精神上冷暴力虐待，几乎很少在家长会上看见他们的身影，也从来无法和他们取得联系。然而，一旦你做了或说了哪些他们看来不妥或对他们不利的事情，当你到达学校时，会发现他们早早地就等在你的办公室门口了。

瘾君子、行为异常和患有精神病的父母

你试图帮助这类家长和他们的孩子时，他们会占用你大量的时间和精力。他们不（或无法）信守诺言，为难羞辱孩子，百般阻挠工作，谎话连篇，频繁地威胁、骚扰你，用污言秽语攻击你，把你吓得半死。有一些人是酒鬼、瘾君子、性变态和罪犯，而大多数人都是患有严重精神疾病的患者。这类家长很少见，但是碰上一个就足以榨干你全部的时间、精力和资源。

总结与展望

我希望你读完第一章后，不要垂头丧气。如今，公共教育面临的挑战巨大，对创造性的领导能力和问题解决的需求十分关键。在面对攻击时，你必须头脑清醒、考虑周全、关怀备至、聪明伶俐、能言善辩、坦白诚实。总而言之，你必须不畏艰难，勇往直前。如果你觉得自己尚未准备好面对这些挑战，也不要惊慌失措。你可能需要一套全新的有关行为、策略和系统的储备资料。也许与恼怒的人群打交道，对你来说轻而易举，但大多数的人在平息怒火，化解愤怒，安抚恐慌无理的家长时，都需要努力保持冷静。接下来的几章描述了四个主要步骤，在应对难搞的家长时为你提供帮助：

（1）解除带有情绪色彩的行为。

（2）参与其中，富有成效地解决问题。

（3）营造健康的校园文化和环境。

（4）积极主动地与家长打交道。

第二章　平息失控家长的怒火

假如所有人都失去理智，横加指责你，你仍能保持清醒的头脑。假如所有人都质疑你，你仍能坚持己见，让所有的质疑动摇。假如你要等待，不要心存厌烦；被人欺骗，不要因此骗人；被人记恨，不要因此怨恨；不要过于乐观，也不要自以为是。

——鲁德亚德·吉卜林（Rudyard Kipling）

学习如何平息家长的负面情绪，解决真实存在和他们臆想的问题，是我们需要掌握的一门很重要的人际关系技能。事实上，成功的管理者主要依赖于是否具备这种能力——"所有人都失去理智，横加指责你时，仍能保持清醒的头脑"。生气的家长会滥发脾气，进行言语攻击，会用"我会让你丢掉饭碗"来威胁你。他们怒形于色，千万不要认为谈吐不凡、举止优雅的家长不会生气。他们只不过知道用更加合适的方式来包装自己的情绪。即使家长穿着阿玛尼套装，打扮得体地出现，也无法掩饰他们心中的怒火。你不能忽略任何类型的家长。他们沟通的方式、解决问题的方法可能不尽相同，但是与他们打交道的技巧仍然是你需要掌握的（伴随小小的期待）。

什么是愤怒？

你肯定能想到不止一位家长曾经完美地诠释了"愤怒"这个词语。但是思考一下下面这个对愤怒的定义，这个更加饱满的定义能帮助你更好地理解愤怒的家长，并与之相处。"愤怒是指，当（家长）所选择的目标、价值或期待被限制时，或者当个人价值受到威胁时，所产生的一种情绪"。发生真实的或臆想的错误时，都会激发怒火。怒不可遏的个体坚信周围所有的人都和自己"对着干"，他们多疑、偏执，不管用什么方法都无法说服他们。

真正的愤怒是一种非常罕见的复合情绪，可能混杂着不满、受伤、羞辱、痛苦、愤慨、怨恨、恼怒和烦躁的情绪，所有这些情绪可划分为从轻微到极端等不同等级。家长（和孩子）表现愤怒的另类方式，与可易辨别的愤怒情绪和生理反应（比如感觉被逼至绝境、心跳加速、面红耳赤、歇斯底里、丧失理智）截然不同。当人愤怒时可表现出侵略性行为，比如批评指责、大声嚷嚷、戏弄嘲笑、责骂训斥；也可能表现出身体反应，比如暴打伤害别人；也可用消极方式来表现愤怒，比如保持缄默、回避躲闪、用敌对的肢体语言反抗。具备杀伤力的愤怒，无论是主动还是被动攻击，都会对他人造成情绪、心理或身体上的伤害；而不具备杀伤力的愤怒，实质上比较坚定，用更具建设性的方式来表达愤怒，两者是有很大区别的。

当家长以一种公众难以认可的另类方式来表现愤怒（比如发火或动手打人）时，我们要学着区别家长的反射性情绪和身体反应（也就是说，当我的孩子或者我遭受威胁时，我会不自觉地表现出愤怒）。

这种情绪无法压抑，用残忍的言语攻击、暴力相向，或用沉默、讽刺等消极方式反抗来发泄怒火，都是我们熟知的反应，可以不用研究，只需用更加妥当、有效的反应来替代。

如何与恼怒、失控的家长打交道

性格很重要

能与愤怒、失控的家长进行良好的沟通，主要是依赖于良好的性格。性格好的校长，其价值观和言行都展现出了一种正直可靠、诚心实意、受人爱戴、慷慨谦逊的形象。就性格而言，没有人是完美的范本，"想要理解所遇到的难相处之人，最终需要接受一个事实——我们也和他们一样"。

一旦我们承认自己的性格有缺陷，承认我们也会像家长一样犯同样的错误，那么我们必须每天要让自己具备较高的素质、良好的性格，这样的话，家长、学生和老师才会期待让我们领导。拥有诚实守信、受人尊敬的性格，可以让我们在面对不愉快的家长时游刃有余。如果我们失败了，当然这种情况会随时发生，就必须甘愿承认错误并为之道歉。

做严守信用的人

你不能强迫家长信任你，他们会或多或少地通过你的言行举止、声誉名望，或与其他与你同等地位的人接触后的经验，来对你加以判断。有些家长在亲自见到你之前，会持保留态度，有些家长会听取朋友或邻居的看法（小道消息人人皆知），而有些家长会仅凭直觉立即对你做出判断。作为管理者，与家长之间建立信任关系是一项至关重要的任务。信任就像黏合剂，在艰难时期将双方紧紧黏合在一起。如果家长信任你，在产生怀疑时也会选择暂且相信你。家长会用尊重的态度来问你，"我个人对你很生气，对你这件事的做法有疑问，但是我知道你很聪明，关心、体贴人，你会明白我为何而来。"

我们都不完美，都会一时失误或失败。我仍然记得有一次，我失去了一位家长的信任，令我十分懊恼。我费尽心思用了多年时间，才与这位家长建立了信任关系，因为我的一句失言，让多年的努力功亏一篑。这家人问题很多——有三个孩子，每个孩子都有各自的纪律、学习和社交问题。但是，我们最终让三个孩子步上相同的轨迹，并且不断进步。一天，最小的孩子犯了严重的纪律问题，刚好让我撞见，我在毗邻办公室的收发室里对他大发脾气。我的言辞有欠妥当和专业，刚好让等在门外走廊里的孩子母亲无意中听见了。我立即诚恳地做出了道歉，但是片刻冲动的发泄，使我在家长心目中孩子的支持者和值得信赖的专业人士形象，瞬间毁于一旦。那一天我受到了惨痛的教训。

要诚实

诚实是第二种重要的性格，可以在"问题解决银行"中加入更多的储备资金，而该银行中的储备要远远不止说出事实的真相那么简单。诚实是指个人行为的统一性和连贯性，经得起详细的审查，能赢得家长的信任。如果你是诚实的教育者，你所做的决定都基于共同的价值观，那你的心思会很容易琢磨。你清楚自己支持什么，可以巧舌如簧地表达自己的信念。如果你以三个P（权术、压力、权力）为原则来处理问题，不久你就会赢得"见风使舵"的名声，一个可以被欺凌和收买的教育者。有如此名声，还会有更多的家长问题摆在你面前。

展现真实的一面

真实意味着无论面对什么身份的人，无论他们来自哪里，无论他们的长相或言行如何，都要用同样关注和尊重的态度来对待他们。奥特里（Autry）说："任何时候都要表里如一。无论扮演什么样的角色都要坚持同样的价值观。"真实的校长要始终如一、容易捉摸、坦率透明。这些校长清楚自己的身份，学校孩子们的家长也是如此。

要表示尊重

考虑如何成功的管理学校时，人们通常不会立刻想到尊重这个词语（即慎重考虑、礼貌待人、重视关注），只会想到有效的指导、学习标准和教学领导，但是在关于高效的校长研究综述中，泊赛尔和库克森（Persell and Cookson）发现"成功学校的共有特征就是尊重所有的参与者"。谁能比领导建设更能塑造和教授尊重呢？

宽以待人

一想到宽恕，你可能联想到宗教，诚如，"宽恕曾经伤害你的人，就是将自己从自我建造的情感监狱中释放出来……宽恕是一种深层次的精神行为"，但是如果你打算长期坐稳校长的位置，宽恕又是另一种必要的方式。你可能认为原谅是你对待他人的方式，而实际也是你对待自己的方式。如果愤怒家长的明枪暗箭你深记于心，定会让你迷失了初衷。要时刻询问自己为何成为教育工作者。

回应愤怒家长的最好方式

> 知者不言，言者不知。塞其兑，闭其门；挫其锐，解其纷；和其光，同其尘，是谓玄同。
>
> ——老子

安抚忧虑的家长需要根据情况采取恰当的措施。不过，你处理问题的方法越系统，无论什么事摆在面前，或什么人造访你的办公室，你越能从容应对。这里有诸多策略可以例行使用，它们将会帮助你有效地应对生气或失控的家长，大多数家长都是明白事理的。但是，千万别错误地认为，这些行为很简单，显而易见的事情就很容易上手。这些行为融合到你的工作中，需要一些时间和自律性。你可能会经常磕磕绊绊，屡战屡败。我们中的大多数人都不会很自然地采纳这些行为。它们需要我们努力挑战个人价值观，学会管理个人情绪。一旦这些策略变成了根深蒂固的东西，你就会发现许多问题在你眼皮底下迎刃而解。这些策略分为三大类：①积极反应；②探究性手段；③付诸行动。我们在本章探讨积极回应的策略，在第三章将探究探索性和行动策略。

在你考虑如何完美地将这三种策略融合进你的个人沟通风格之中时，记住要解除敌意、安抚垂头丧气的家长不是科学，而是一门艺术。首先，选择一个你认为很难下意识就使用的策略，在与每个人的交谈中反复练习。对我而言，认真倾听，不走神，不跑题就是我的首要任务。你或许需要练习卸下满身防备，注意自己的肢体语言，在已然硝烟四起的局面中，防止火上浇油。

与愤怒的家长打交道的一条黄金法则就是按顺序使用这些策略：①回应；②探索；③行动。但是，每一个个体或父母都不尽相同。对有些家长来说，只需一次会面即可完成这一整个过程；而另外一些家长可能需要数月（甚至数年）的时间。这是与难相处家长打交道的一门艺术——尝试了解，就像美国西部歌曲所唱的那样，"你得知道什么时候扣牌，什么时候跟牌"。

题词上，古代老子的智慧就总结了积极回应的精髓。初步阶段，与发怒家长见面时不要询问或收集信息，这些任务留在探索阶段。不要制定目标，试图解决问题，或者告诉家长你会怎么做。积极回应阶段只要"塞其兑，解其纷，和其光"。

四处跑动管理校园

学会与愤怒的家长打交道，这种技能无可替代。知晓学校每一个学生的家庭背景不太可能，但是了解心浮气躁的家长从何而来，通常能将对抗形势转变为合作，避免冲突进一步扩大。

获取知识的最佳方式是什么？参加学校举办的所有会议、职工大会和问题解决大会；每天走访每一间教室，将似乎有学习或行为问题的学生记录在案；多与老师沟通交流；记住学生的名字（以及他们兄弟姐妹和父母的名字）；去餐厅、音乐教室、图书馆、健身房、美术教室溜达一圈；课间休息时偶尔出去走走，和学生们一起吃午餐；不时去教师休息室闲逛一圈；和公交司机、餐厅员工、管理员一起攀谈。做高效的管理者可与做间谍相媲美，信息就是你的力量。当家长向你阐述教室里或操场上发生了什么（根据孩子所说），通常都是一面之词，如果你在现场，可以迅速搞清状况。我刚上任时，有人给了我一些建议："要跟红疹似的满楼乱窜。"这是一种独特的方式，沟通教学领导的主要原则：成为可见的存在。一些人把它叫作四处跑动管理校园。

假设问题

如果家长约定和校长见面，就要假定他们有一些问题要与其商谈。不要马上就控制住话题权，让家长觉得无法打断或改变话题。相反，应该发送一种信号，显示你很渴望倾听他们的担忧，也的确抱着欢迎的态度邀请他们提出问题。

不要委托授权

如果听见走廊里传来麻烦声，你会想躲在办公室里不愿现身，特别是当你的秘书非常愿意而且有能力处理棘手问题的时候。这种做法极具诱惑力，但绝不能逃避躲闪。有一位能言善辩、能安抚麻烦家长的秘书固然好，但是只能将她当作后备力量，在你不在的时候以备不时之需。如果你频繁躲避冲突，家长（和老师）很快就会明白你的把戏，他们一点也不喜欢被这样玩弄。此外，家长还会认为你有名无实，没能力处理棘手问题，你的威信将会荡然无存，而秘书不久也会觉得是她在执掌一切。有一个雄心勃勃、天资聪颖的秘书，在危急时刻总能顶替上阵，你应该暗自窃喜，但是如果你指望她负责全部工作，很快她就开始教训你如何做事了。

热烈欢迎、欣然接受

与家长握手，欢迎他们来到你的办公室。如果在适当的情况下，即使最不友好的家长通常也会在私人会面和满含欢迎之意的触碰中热情起来。要与他们面对面促膝长谈，这种做法是集体动态的一个关键原则。这就意味着人与人之间需要近距离接触。当双方就座的位置过于遥远，两者之间的空间就阻隔了交谈。与家长会面千万不要坐在办公桌后面。如果有其他参与者，最好坐在圆桌边。摆上舒适的座椅，提供咖啡、水或软饮。如果可以，尽量不要让家长感到拘束。

说爱听的话

向家长夸奖这名存在问题的学生。如果可能，尽量在会面前多做功课。尽量翻阅关于这名学生的文件，向专家咨询确定他的独特天赋。一句真心的赞美能为会面营造积极的氛围。要牢记老妈总说的那句话："如果你无法夸赞别人，那就什么都别说。"

保持中立

桑德拉·克罗（Sandra Crowe）建议，当你面对难搞的人时，首先要做的就是保持中立态度；也就是要反复对自己说，这并非针对个人，不关我的事。而且大多数时候都与你无关，都是与老师、课程、政策、纪律程序相关的事情。有时不关乎任何"真正"的问题，经常是家长无法接受其他人掌管他们最珍贵的私有财产——他们的孩子。

保持中立并不是说没有同情心，或用冷淡的态度来对待沮丧的家长,它意味着你无须对家长的感受和行为负责任。家长生气、烦闷、忧心忡忡,都不是你的问题。(当然,如果你真的搞砸了,务必道歉,继续解决。)竭尽全力平息他们的怒火,但是要放松,撇在一边暂不考虑,舒舒服服地睡一大觉。不要让家长的焦虑、沮丧和敌意消磨你的精力,使你的情绪低落。

要专注

关注忧虑的家长很关键。专注意味着让人们感受到你对他们自始至终的关心。用你的身体、面部表情,特别是眼神来传达,"现在除了你没有任何事能引起我的注意。我的每一点精力和生命都聚焦在你的身上"。

这种完全集中的注意力需要建立在完全不被打扰,双方一对一的交谈氛围中,要清除一切杂乱。任何影响注意力的东西都要移走。拔掉电话线,关上房门。除非会见极度亢奋、有潜在危险的家长,一般我会将门上的百叶窗拉下来。办公室的空间非常狭小,每个人(家长、老师甚至学生)都喜欢透过我的窗户,看看谁坐在屋里,或瞧瞧我在干什么。他们微笑的面孔不仅让我分心,也让所有到我办公室来访的客人觉得自己就像鱼缸里的鱼一样,毫无隐私可言。

特别是发怒的家长,他们过去曾经遭到别人的贬低,专注的行为会让他们立刻觉得这次的互动会有所不同:"这个人似乎很关心我,很留意我说的话。"但是,如今快节奏发展的社会,所有成年人都会发现,有一位关注度极高的"重要"人物,比如校长,确实是少见而值得极大肯定的经历。

倾听

认真倾听的一个重要环节就是心理锻炼，这种锻炼称为排除，短时间内将个人的假想和偏见抛之脑后，从内心尽可能地感受说话者的世界。当问题与家长随之而来时，首先要做的就是倾听。我总是存在倾听的问题，易冲动、注意力不集中，我的思想似乎有自己的意识一样。我可能神游到天外，想着晚餐吃什么，制定待完成的清单；我可能在思考怎么做出回答，或者提出解决问题的完美方案。这些做法完全没法赢得朋友的信任，我为此受到了惨痛的教训。因为我听力出现了问题，我必须克服这一挑战，达到有效的倾听。留大胡子的男士和有口音的家长都是我的天敌。若没抓住主旨大意，想要补救回来又不着痕迹，着实很有难度。我发现倾听远不止仅仅听清说话者说的每一个字，他们的面部表情、肢体语言、声音语调，都传达了他们真实感受的强弱程度。

保持温文尔雅

彬彬有礼、表现精明可以最有效地平息怒火，同时还可以让你有机会确定怒火的真实来源。所谓温文尔雅，就是要举止得体、彬彬有礼、不慌不忙、大方端庄、极富耐心。如果你坚定、自信、个性强，那么培养温文尔雅的性格似乎是一条妙招。你将惊叹于"温和的回答如何化解怒火，而刺耳的言语又怎样火上浇油"（箴言15：1，标准圣经译本的修订本）。精明这一词语涵盖聪明、有技巧的意思，是一种你需培养和努力提升的才能。相信我，面对大发雷霆的家长，第一次尝试保持温文尔雅的态度，的确感觉不同寻常。我们会很容易开启防御模式，找诸多借口，严加指责别人为自己开脱。

说话的声调、音质和谈话内容一样重要。如果你行色匆匆，心怀敌意，防御心强，又或心不在焉，你的声音立马就会出卖你，即便你言之有理，家长也会觉得你虚情假意。温和的回答就是尽量不反驳、不纠正、不摆架子，即使他们不对，也不与已经怒火中烧的家长争论不休。不要表现得不耐烦或备受困扰，需要保持钢铁般的意志。

领悟言外之意

管理顾问彼得·杜拉克（Peter Drucker）写过，"沟通的关键就是要听出言外之意。"这需要我们推断，并凭直觉做出判断。有时人们羞于表达真正所想或所需，如果你了解了他们的意图，并且给予肯定反馈，无须他们完整地表达所思所想，就能抚平其不安和担忧。这种策略很难实行，需谨慎处理。

给予"无言的建议"

我花了多年时间不断磨炼，才完善了给予的艺术，也就是我所说的无言的建议，与烦恼的家长打交道时它不仅有效，与我的家人相处中也屡试不爽。我到最后发现，人们带着问题来找我，并不是真的来寻求建议，他们需要的仅仅是你善解人意的倾听。他们不希望看到我目光呆滞、思绪游移，寻思着自己的事情；他们希望我全神贯注，体贴地点点头，发出"嗯"的赞同声。他们也不希望我不停地说，他们所需要的是一块共鸣板，找出问题产生的原因。等到他们结束个人独白后，会感谢我给予了不错的建议（我实际上一个字也没说），然后心满意足地离去。这里有几个要点，可以帮助你成为一个更好的听众：

注意个体的态度和感受，他们想沟通的可能和所说的并不一致，姿势、眼球运动频率、手势、音调、面部表情，这些都是强大的沟通能力。

除了所说的，倾听家长没有表达出来的言外之意。

不要以个人的主观情感，比如评价、表达同情、发表自己的看法、给予建议、分析或质疑，来做出回应。只要简单地传达你所听到的信息以及他们所表达的态度和感受就好了。

在恰当的时机，要时不时地口头回应，"噢""嗯""嗯哼"，让说话者确定你注意力集中。家长需要感受到你不仅从情感上（比如他们愤怒或恐慌的感受），也从理智上（他们所说的真正意思）理解他们。

注意说话者将要结束的信号，准备好轮到让他们倾听。

如果时机恰当，家长也不会感到困扰，就做笔记记下交谈的关键细节。大多数有问题的家长看到有人愿意倾听，并且在意到记录下来，都会感到如释重负。记笔记可以帮助你更容易关注重点，有时候记笔记可以让家长更加留意他们所说。

心平气和的表达

运用肢体语言心平气和地表达，使人镇定，易被接受。保持目光接触，不要坐立不安，手臂的摆放位置不具威胁性——不要胸前交叉，要放松。不要蹙眉，露出痛苦的表情，叹气，玩头发，掰手指关节，敲手指，打哈欠，整理衣着，眼珠四处乱转，无精打采地瘫坐，磨牙，嚼口香糖，反复交叉双腿，飞快移动，眼神里透露出惊慌，或者扮鬼脸。要时不时地颔首表示你理解说话者，保持专注，不要显示出紧张或受到威胁的表情。

成为一面镜子

"成为一面明镜,既不描述……解释,也不评判",给沮丧的家长以支持和鼓励。不要评判或解读家长所言,揽镜自照让他们看看自己对孩子、老师和自己的所作所为。描述你所见,而非你所感。

回溯

回溯是一种反馈的形式,其他人使用的词语或措辞,你用同样的话来复述就是回溯。改述(和回溯迥然不同)是经常被推荐的一种做法,表示你已经听懂了说话人的意思,然而感觉敏锐的人通常很厌恶别人改述他的说辞。对他们来说,这就暗示你故意曲解他们的意思。在回溯中,无须一字一句地重复,只要抓住主旨的关键词即可。这样家长就能知道你在仔细聆听,并且理解他们的难处。举例来说,如果马什先生(Mr. Marsh)对二年级的儿子所上的阅读课心存苦恼,认为该课程未有可靠的科学研究得以支撑,你也许会用以下的说辞来向马什先生回溯:"马什先生,如果我没理解错的话,您所需要的是,我们所选的阅读课取得成效的一些可靠的实验研究依据。"

敞开心扉

心焦气躁或担惊受怕的家长,通常需要在与教育者分享个人的担忧中,寻求许可和接受。他们如果觉得教育者不感兴趣,漠不关心,这时需要管理者早早做出判断,要不然他们会临阵退缩,尚未传达真正的问题前就悄然离去。家长需要探索问题的自由,无须批评和责难。在这个过程中,你可能听到新的见解或看待教育不同的方式,所以放下最初的偏见和厌恶,成为一名学习者。

不要反抗

反抗是不假思索的行为，我们有许多反抗的方式颇不恰当。有时，被愤怒的家长逼至绝境，我们的第一反应就是回击（比如反击、防守、解释、辩护或者断绝与不喜欢家长的联系，"休"了他们）。然而，我们应该退后一步，保持中立。不要将攻击个人化，不要试着说服家长承认你的正确和他们的错误。同样无效的方式就是屈服放弃，仅仅将家长赶出你的办公室和你的人生，不考虑孩子、牵扯的老师或已经实施的政策来处理此种情况。解决问题的同时，要坚定地保持立场。要是被冠上懦夫的大名，就如被叫作可怕的暴君一样糟糕。要使人敬仰，不要逃避问题，也不要枕戈待旦。

保持镇定自若

"要想改变难搞的人，首先要改变自己——你看待他人的方式和面对挑衅回应的方式"。面对愤怒、恶意的家长，我们大多数人都觉得很难保持中立的态度。他们向我们展现出最恶劣的一面。如果同样恶语相向，会在双方之间产生恶意循环回路，然而保持镇定自若则会有效地将其破解。

塔夫里斯还曾说过：如果你和蔼可亲、热忱亲切，长此以往，你终究会消磨掉他们的斗志，甚至将他们转变为同类人。令人意外的是，他们经常能活跃起来——并非总是，但是经常会——因为他们经常用恶意来掩饰自己的孤独和不安定感。长远来讲，你友好可亲，谁能从中受益良多呢？显然是你自己。

你的镇定和礼貌会成为一面镜子，让家长窘迫地看到自己的孤注一掷，他们企图恐吓、羞辱的丑态都从镜子中反射出来。通常当家长感知到你的自信时，他们虚张声势的气势就会减弱；如果感觉到恐惧和不安，他们一定会毫不犹豫地加以利用。

要自信满满

内心的自我否定和自卑让校长很难与愤怒的家长打交道。培养积极正面的自尊自爱能使你良好地管理情绪，设身处地为愤怒的家长着想。愤怒和恶意的家长有点像小狗、小马一样。他们能感觉到你的忧虑不安，你尚未察觉前就早已先发制人。

在我所住的亚利桑那州，美洲狮并不常见。国家公园服务中心发放的传单页上，建议背包客和露营者在遇到美洲狮时，采取以下措施："要给它们留一条退路。不要逃跑，保持冷静。坚守阵地，或慢慢后退。面对狮子，笔直站立。尽量让自己显得高大，找一根棍子，举起双臂。如果随同有小孩，将他们举向天空……目的是要让美洲狮确信，你不是猎物，而且存在危险性。如果遭到攻击，抵抗到底！"这些建议或许听起来幽默风趣，应用到这些家长身上有些离谱，然而这里有些东西值得我们学习借鉴。保持自信，站立时笔直挺拔，尽全力让自己看起来是掌管人，而且坚守立场。

管理者休克疗法

如果你本人遭到家长的恫吓和欺负，立即制止他们的行为，做出坚定的声明："弗林特先生（Mr. Flint），我理解您为何沮丧。我想和您聊聊其他人是如何对待您的孩子的，并且我保证不会再让这种事情发生。但是首先，请您先坐下，小声一点，别再骂人了。在美洲二元文化学校，我们互相尊重，以礼相待。所以我们不能忍受别人在操场上这样粗鲁地对待您的孩子，同样也无法忍受您这样粗鲁地对待我。请您冷静下来，我们重新再来一次。"运用此类休克疗法，可以提醒父母他们所处的位置，交谈的对象和关注的要点——应该是他们的孩子。

搭乘A线列车

一想到搭乘A线列车，你可能会想起第一次在纽约市搭乘地铁出行的美好记忆。如果你喜欢大型乐队，也许立刻会想到艾灵顿公爵（Duke Ellington）的经典名曲。与发火的人群，特别是顾客打交道，山姆·霍恩（Sam Horn）建议搭乘一辆完全不同的A线列车，可以载着你和愤怒的个体到达一个能够更快解决问题的渠道：赞同、道歉、行动、感激。A线列车对愤怒的家长所产生的效果与愤怒的顾客一样有效。这些行为可以单独使用，也可以结合运用，它们威力强大，令愤怒的家长始料未及。接受并肯定家长愤怒的事实，合乎逻辑地感同身受，但并不意味着你赞同他们企图发泄怒火或不满的方式。在最初捅了娄子之后，愿意并能够接受他们愤怒的事实（或者认同他们的确有生气的理由），是解决问题的重要的第一步。

道歉

有时候，家长说完话喘口气，在这段沉默的时间里，你开口的第一句话就应该是道歉。在这个诉讼满天飞的时代，我们大多数教育者都厌恶道歉，恐惧诉讼、赔偿，出现错误也不愿意表示歉意，这样的行为只会让困境进一步恶化。通常情况下，如果我们愿意道歉，家长也会让步，承认他们和孩子也存在错误。我女儿上高中时，她最喜欢的一位老师辱骂她为"婊子"。可以想象我和女儿心里多么失望。我请求校长安排我和老师会面，我所期望的结果也就是简单的道歉和承认错误。这就是我们所希望的。如果我没去，我能想象得出来，这将消耗多少时间和精力才能纠正这样的错误。但是老师和校长向我们道歉了。我的女儿请求老师为她做大学录取推荐，之后所有人都满意，除了那位老师。他仍然不断重复犯着同样的错误。最终因为性骚扰和其他一些失误而被学校开除。这又是另外一回事了。

感同身受

放弃渴望被倾听和理解的想法，学着将焦点关注在倾听、理解家长所言之上。也许你从来没有遇到过家长正在经历的某些事情，但是要暂时抛开偏见，想象自己正处于家长的位置上。你会怎么想？你会有何反应？你会去哪里寻求帮助？假设你的孩子被评估为智力迟钝。你能冷静下来吗？毫不怀疑或完全放松吗？我心存置疑。假设你的孩子在操场上被欺凌，而你认为无人对此表示关心。你可以做到完全释怀吗？不可能的。如果你陷入这种想象，会面的家长会感受到你散发出来的同情之心，逐渐平静下来。我在早期从事教师职业时，有一次开家长会，现在想起来仍让我窘迫不已、心惊肉跳。我非常冒失地向一位有九个孩子的母亲提议，她应该每天晚上花费至少半个小时的时间，给五年级的儿子辅导乘法运算。我仍然记得她脸上惊诧不已的表情。一个初出茅庐的老师，新官上任三把火，然而却难以理解家长的感受。

接受批评指正

接受批评指正就如乘坐A线列车的"感激"车厢一样。或许接受家长的批评或感激他们所传递的遭遇这种想法，和口腔外科前景一样对你充满了诱惑力。然而有时，我们需要倾听和关注家长所言，这会帮助我们改善对孩子的教育。即使有些批评有害无益，我们也需以开放、关注、感激的态度来聆听和回应。著名政治家福斯特·杜勒斯（Foster Dulles）曾说："衡量成功的方法并不是你是否有需要解决的棘手问题，而是你是否还有和去年一样的问题没有解决。"如果有一拨忧虑的家长不断抱怨同样的问题（比如餐厅的卫生条件、操场设备的安全性、粗言秽语的巴士司机），那么是时候不再逃避现实，解决问题了。家长前来表达自己的关切时，你能对他说的最糟糕的一句话就是："您是第一个抱怨此事的人。"即使你说得没错，他们回到家很快就会打电话通知班级名册上所有的家长。

如果出现问题，告诉家长你会展开调查，感谢他们将其提出来，引起你的关注。之后就开始调查行动。

考虑文化差异

当你会面的家长有着完全不同的文化背景，试着理解那些微妙之处——这些构成他们特点的非语言行为和沟通模式。需要考虑的非语言信号，包括两人之间的距离、眼神接触、身体触碰是否恰当或在预料之中。应该由谁来开启话题，中途打断是否礼貌，怎样提及棘手的话题，也是一些该考虑的事。如果意识到文化差异，你可以变换行为模式，让家长感到自在，从而进一步提高解决问题的可能性。

如果有翻译在场，不要和翻译直接对话。他们仅仅是你们之间的传话筒。要与家长保持眼神接触。学会说你好、再见、谢谢前来，如果有必要，我很愿意教你用多种语言说这些话。

积极收场

会面接近尾声之际，要总结一下你所听到的内容，让家长知晓你完全理解他们的想法，不单是一种善意的做法，也能对主要的信息做简单的回顾，从而消除双方的任何误解。即使会面结束仍未达成一致，我们的倾听和理解也能使最恼火的家长消气，最焦虑的家长平静。确保详细记录所有任务项目，以便可以即刻跟进。

应付忧虑不安家长的对策

任何情形下，上述提到的应对策略，如果对家长无法产生积极回应的话，我真希望能对你做出退货承诺。但是能想到的方法都一一试遍，暴风云仍然盘旋在周围上空，那么很有可能是因为你遇到了具有挑战性的家长人群，他们是一拨小的群体，然而却能让最胸有成竹的教育者也闻声丧胆。我遇到的教育工作者之中，大都和我一样，可以用"疯狂"这个词语来形容这一类的家长。他们肆无忌惮的行径通常需要特殊的处理办法。

不和、分居和离异的父母

倘若极其正常的家长开始变得行为诡异，敷衍了事，那么很可能他们的婚姻亮起了红灯。当然，你可以尽情猜测，如老歌所唱的那样,"分手苦不堪言"。我不建议每一对决定离婚的夫妇,都让校长从中帮衬。谢天谢地,大多数成年人都会私下处理自己的私生活。然而,许多夫妇似乎在分道扬镳时,都会愤怒暴躁、充满敌意,更有甚者暴力相向,造成财产损失。消息一旦公开,学校人员必须要知道详情——不是说知道谁什么时候,对谁做了什么,而是要知道抚养权在谁手里,孩子住在哪里,什么时候住在那里,祖父母有没有牵扯进来,遇到紧急情况怎么联系家长,法官有没有颁布限制令,等等。校长必须依法办事。不幸的是,合法的事并不总是合情合理,但是我们不会追问原因。无论母亲或父亲,不要和他们过于亲密,否则你就作茧自缚,陷入离婚案的三角旋涡,被传唤出庭做证。我们只要带着耳朵倾听,对孩子在学校的学习、行为和社会问题,提供相关的咨询即可。你的作用就是确保孩子在学校的安全性。对家长的婚姻伤痛,还是礼貌地回绝,避免倾听为好。

指手画脚的家长

指手画脚的家长是一个特殊的分类。他们的孩子通常很温和,合作意识强,因为如果父母之中有一人喜欢指手画脚,那么自己希望被视而不闻。这样的家长令我联想起了施工设备:电钻、自动倾卸式卡车、推土机,用它们来形容指手画脚父母的关键特质,似乎惟妙惟肖。他们想接管家长教师协会,就如何管理学校对你指手画脚。他们狂妄自大,在任何权力缺失的地方愿意填补进去,特别是在校长办公室。一旦已经试过展现关注、倾听和表达同情无果后,你可能需要从我认识的一位精英校长那里效仿学习了,当家长不合时宜地展示自己的权威时,他可以毫不费力地制止他们,既礼貌又坚决。

推土机

家长伪装成推土机，滚动着来到你的办公室，随时准备碾压或铲平方圆百里的任何个体。他们嗓门巨大、满怀敌意，短时间内就能造成巨大破坏。然而，早前提及的许多策略对他们都行之有效。仔细聆听他们阐述自己的故事，如果想打断谈话或制止辱骂就请他们入座，就这么办。要记住那些背包客对付美洲狮小伎俩的建议，用它们对付推土机也一样有效。和他们眼神直视，让自己看起来高大强壮。要意志坚定，有说服力，不要怀有敌意、贬损人格。不要用对小孩子说话的方式来对待推土机。与之交谈时，你要好似自己是一台更加庞大的推土机。我和他们打交道的经验总结是，一旦你展现了倾听的能力，拒绝他们任何的无理取闹，愿意解决实际问题，他们便会成为你终身的拥护者。大多数时候他们虚张声势，都是因为以前人们无法倾听他们的心声。你对他们表达了尊重，他们一旦冷静下来，就会变成温顺的小猫。

电钻

电钻型父母从来不会举着电钻，突突地响个不停来到你的办公室。那样就太显而易见了。相反，他们会暗中伺机而动，在你坚信拥有坚固关系的时候给你一记当头棒喝，仅仅用钻头简单地左钻一下、右刺一道，就成功地破坏了校园文化和氛围。应付电钻型家长最有效的对策就是，将其公之于众，让其他人可以亲眼所见、亲耳所闻他们所造成的破坏。不动声色但强有力地对抗他们的行为。如果他们用冷嘲热讽、心存戏谑的方式，在观众面前发表破坏性的言论，那么就大声指责这样的行为。电钻型家长通常会在会议中做"好"事，希望你对不合时宜的行为不加以追究。

如果汤普森先生（Mr. Thompson）开始在家庭教师协会董事会上讽刺挖苦，发表冷嘲热讽的演说，评论有多少报纸刊载校区其他学校的专题报道，那么就准备秣马厉兵吧。"您是想说我们在学校宣传方面做得很差吗，汤普森先生？"他的言论可能会使人对你的工作能力产生很大的质疑，又或许他根本不清楚要怎样做才能得偿所愿——希望学校宣传工作要更加积极。然而他的行为明显发出了信号，需要将他的关切公之于众。自始至终他都会伪装"友好"，千万不要让他在对你百般折磨之后全身而退。

自动倾卸卡车

自动倾卸卡车型父母通常更像是成年版本的乱发脾气、蹒跚学步的幼童。你永远不知道他们几时会突然发火。可能他们就是错过了午睡，或者是气压过低。谁知道呢？大多数时候，家长在你的办公室门口倾倒大量垃圾，实际是真的感受到了威胁或无能为力。你不太可能总猜准"垃圾"倾倒什么时候会发生，但是只要知道不是因为你所言或所为导致的即可。如果家长大发脾气，你首先要做的就是让他们冷静下来。有时，提高几个分贝的音量，穿透满怀敌意的阴霾。如果与家长会面，感觉到山雨欲来，直接站起来，双手紧抓桌角说："我在这里打断一下。我想到了一个可行的好主意。"这种突然的打断可能会惊到家长，但是会抢先一步阻止怒气的爆发。一旦家长重新夺回控制权，就会压制住他们的怒火。我们要试着用有效的方式解决问题。

抱怨者

牢骚抱怨的家长不像指手画脚的或好斗的类型那样会在你的办公室失控，但是他们却有办法让你精力耗损，特别是那些愿意提供帮助、保持学校正常运营的家长。那些真正有问题的家长，相对还好解决——找出问题所在，搜罗信息寻找可能的解决方案（单独工作或集体合作），提出可行的办法，选择最佳策略执行，最后在清单上划掉这一任务。

抱怨者的最大问题就是，他们几乎没有真正的问题要解决。当然，他们能精确地指出问题，却无从下手——就像果子冻一样。举个例子，麦克阿瑟夫人（Mrs. MacArthur）不断地抱怨公交问题。的确，公交车站离她家的位置不够方便（她无法从前窗看到车站）；的确，公交司机有时会粗鲁无礼（每天早上6点45分都要与麦克阿瑟夫人打交道，你也会这样）；的确，公交的到站时间不是很固定（工程车辆进出是当前的问题）。不过，等你仔细调查麦克阿瑟夫人的问题后，你会发现根本不能改变任何一件事情。公交车站已经设立在那里25年之久，不能因为麦克阿瑟夫人不喜欢，它就能变更停站位置。尽管公交司机不是魅力十足的毕业生，他却从没扯着嗓门或侮辱过麦克阿瑟夫人。司机对待她的方式就如对待他满腹牢骚的妻子一般——直接无视。施工是无法更改的事实，交通堵塞也不在学校校长的控制范围内。那么面对麦克阿瑟夫人这种类型的人，你应该怎么做呢？

首先，要认识到她和学校里的其他家长不一样，所以看待问题的角度也不同。她感到无能为力，对万事都要一味说教，并深信自己完美无缺。麦克阿瑟夫人对自己的生活感到孤立无助，需要强有力的人来帮助她。她坚信凡事都有既定的轨迹路线，如果偏离正轨，会永无休止地让她烦扰不堪。她需要有人为她改变这些事情。最终，麦克阿瑟夫人清楚地认识到，如果想掩盖自己不完美的人格，就必须不断地指责那些令她不愉快的人。"（抱怨者的）无力感会化作吸尘器，抽干那些有强烈意愿帮助别人的人（校长）"。

你可以运用上一章提到的对策来应对抱怨者，最好的对策就是倾听，承认自己理解麦克阿瑟夫人为何而来。车站的位置也许对她来说的确不太方便，但千万别为此承担责任。如果她的儿子因为司机粗心的驾驶而陷入危险，公交司机对她或她的儿子说了或做了什么下流龌龊的事，那么就可能成为你的问题了。然而，工程车辆、公交司机沉默寡言的态度，还有她必须穿过马路坐上公交，这些都不该是你所管的。

反复重申事实，避免自己陷入麦克阿瑟夫人的小把戏中：公交车站不会变更位置。公交司机离经叛道的性格不是因为被解雇所致。工程车辆无可避免，除非詹姆斯路立交桥早日完工，否则公交还会在某个下午晚点几分钟。如果麦克阿瑟夫人仍有问题，建议她给业务经理、教育董事会或报纸写信投诉。要承认事实，无论你还是其他人都永远无法让麦克阿瑟夫人变成乐天派。但是，总是要倾听她所言，因为你永远不知道什么时候她就会指出真正的问题了。

有虐待倾向、瘾君子、患有精神病的父母

这类家长不仅需要特殊的对待，还要尽可能从专业人士那里寻求帮助。与有虐待暴力倾向、瘾君子、患有精神病的父母打交道时，需

要做的清单如下：

（1）尽可能多地收集家长的信息，从而帮助你了解他们的行为和动机。

（2）应付坐立不安的父母，确保遵从所有规则。事实上，分分钟破坏规则的家长不会引诱你照猫画虎。

（3）即便你怀疑家长可能吸毒或酗酒，也永远不要指责他们。如果心存疑虑，可以打电话报警，让警方来处理。如果条件允许，办公室的门需一直开着，让办公室的同事保持警觉，需要的时候拨打报警电话。

（4）留意风雨欲来前身体发出的信号，比如紧握拳头、情绪激动、鼻孔喷火、满面通红、两眼圆瞪。如果你确信家长携带武器，就需要立刻报警，制订紧急逃生计划，疏散走廊，紧锁教室。

（5）遇到这类家长，要对发生的所有事情仔细做记录。如果没有做笔记，过后你可能怀疑它曾经发生过的可能性。最重要的，家长可能会说谎或否定你的版本，所以你需要记录下时间和他们所说的话。大多数时候，你甚至需要一位目击者来证实，信件已被寄出或文件已被递交到家长手中。

（6）随时让上级了解动态。我最不愿想起的记忆就是斯旺森夫人（Mrs. Swanson）。当她闯进我的办公室时，大着肚子，第六个孩子将要降生，还带着三个没有入学的孩子前来。通常能应付正常父母的技巧，在此就毫无用武之地；她已经歇斯底里了。"如果你不帮我，我就找能帮的人去，"她尖叫道，拖着还挂着鼻涕、没换纸尿裤的小跟班扬长而去。我立即拿起电话告诉上级，狂风暴雨正向他的方向逼近。这是好事，五分钟后，全体人员都坐在上级办公室的外间严阵以待，可能他想让大家看好戏。我可以大致讲述事情的始末，说明我所做的一切都是在试图解决问题。永远不要低估无礼、失控家长所造成的肆虐破坏。赶到那里说清事实，让上级了解事情发展的动态。你的提前警告，他们会感激不尽。

（7）咨询心理健康专家。如果家长给你看过诊断证明（比如躁郁症或抑郁症），试着多了解这些疾病的症状，确保你不会无意说错或做错事情。

（8）如果可能，会面前咨询执法人员。有些情况下，会面存在潜在危险的家长时，我会请求警察在学校待命。你必须确保自己和员工的人身安全。

（9）了解董事会章程，家长、学生的合法权利以及你工作职责的要求。有些家长会仔细阅读这些文件，等待着你落入陷阱。

（10）邀请其他人参加会面，做笔记或目睹事情的始末。运用法律顾问、社工、心理咨询教师的特殊技能，帮助你平息一触即发的态势。

（11）了解儿童权利保护法和公民的法律义务，及时把虐待学生的事件报告给学校。

（12）寻找一位值得信任的同事或上级，探讨面对的问题和解决对策。不要一意孤行，询问他们的意见和看法。如果可以解决问题，准备好贯彻执行，坚持到底，但是要谨慎为之。你与越多的人分享，就越可能使事情变得更糟糕。

（13）不要认为这是针对个人的行为。有时，失控家长的行为看起来似乎是在针对你。然而，如果有机会与孩子以前学校的老师或管理者见面，你会发现家长不是有意的。

（14）确保能控制自己的情绪，或者能妥善处理困境。

(15)意识到自己有权力禁止具有破坏力、行为异常、危险的家长破坏学校财产。咨询管理员,确定明确的程序进而遵守。

从家长的会面中学习成长

佛教徒认为:茫茫人海相逢不易,须怀感恩之心。可是,我们被愤怒的家长骂得狗血淋头时,这样的看法未敢苟同。有些人将我们的生活搅得一团糟或鸡飞狗跳,我们为什么还要对他们感激涕零?但是,如果你把每次与愤怒、焦虑、恐慌或心理、言行失控家长的见面,当作是个人和身为专业人士学习和成长的一次机会,你会发现与极富挑战性和难缠的家长打交道,培养了自己截然不同的处世态度。有时,在恶语中伤、暴跳如雷的战火中,你将学会忍耐宽容。通常,当你陷入绝望、窘迫的境地时,你挖掘到自己内心深处拥有的一种天赋,它能帮助别人解决不可能解决的问题。你将学会管理自己愤怒、恐惧的情绪,将它们转换成力量,成为一种资源,提供给当下更需要智囊的家长们。然而,最终我们的所作所为都是为了孩子。

总结与展望

在第一章中,我们探索了家长可能因为学校的事而生气或忧虑的种种原因,本章我们探讨了各种应对措施,使出现在你办公室门口、恼火和精神错乱的家长平息怒火、消除敌意。接下来在第三章中,我们将描述学校问题情景的最常见类型,进而提出解决问题的探索性行动对策,在每一学年,逐渐减少你所能遇到的愤怒家长的数量。

第三章 解决那些让家长愤怒、不安、神经紧张或狂躁的问题

提出一个问题比解决一个问题更重要。

——阿尔伯特·爱因斯坦（Albert Einstein）

让踏上办公室门槛的家长平复激动的心情，仅仅是第一步。一旦认识到问题，并达成一致，就是时候运用本章所讲的探索和行动策略，帮助解决那些让家长愤怒、不安、神经紧张或令其沮丧的问题了。如果你选择了教育行业，我真的希望你善于解决问题，否则你每天无疑会面临胆战心惊的窘迫，担心何时会接到问题家长的下一个来电，抑或接待他们的来访。但是，永远不要让校区的成员（你的员工、家长或学生）感受到你排斥坏消息的气息。不久，除了你，每个人都知道"天要塌下来了"。如果你对下列行为感到自责，那就以更宽广的胸怀接纳任何潜在的问题和困境。俗话说有备无患。

- 你是否潜移默化地阻止别人惹是生非或向你传递坏消息？
- 你是否避免向家长、学生、老师提出开放性的问题，比如"事情进展如何？"或者"今年你对学校抱有积极的态度吗？"唯恐自己遇到不愿接受的答案。
- 你是否故意将重心关注在文书工作上，使自己忙碌不堪，无暇

顾及解决问题？

- 你是否因为秘书精明能干，而将愤怒的家长委托给他们处理？
- 你是否将自己的日程安排得满满的，避免面对学校的种种问题，逃避现实？
- 当经过学校走廊或访问教室时，你是否会睁一只眼闭一只眼，装作视而不见？

困扰着我们的种种问题

学校的问题千奇百怪。教室、操场、餐厅、公交车上都可能出现问题。有时，学生首先注意到问题，又或父母致电校长表达关切。然而，通常都是教育者发现学校的问题，之后决定如何以最优的方式解决。忽略或搁置学校问题会令家长不悦，家长开始担忧时，孩子就有可能在学校表现欠佳。

讨论的目的在于，学校问题被定义为任何可能阻碍孩子开发学习潜力的障碍。有时，一个电话、一次简单的会面就能解决学校问题。而有时需要长期、全方位地介入。如果视而不见，真正的学校问题可能滋生出难以根除的杂草，阻碍家长和校方的沟通，导致信任缺失，断绝合作，遏制学生的学术成长。下面我们更细致地研究一下学校问题的三个主要来源。

学校员工发现的问题

教育者擅长发现问题，尽管我经常觉得，相比解决问题，我们更擅长发现问题。在学年的第一周结束前，有经验的老师就能发现一些孩子存在的问题。优秀的老师会给孩子一些适应的时间，让他们尽可能自己解决学校的问题，难以解决时才会通知家长。

他们会以一通电话、一份笔记或寄出正式的成绩单来表达学校的关切。措辞通常很有礼貌，话语间夹杂着一些教育术语，但是意思却简单明了地传达给了家长："您的孩子在学校的表现或行为达不到预期标准，您需要做些什么来改善现状。"

"玛丽（Mary）似乎在处理人际关系上略显不成熟。"

"我很担心约翰（John），他不遵守教室纪律，我的教学方法在他身上都行不通。"

"萨拉（Sarah）成绩退步了，两次数学考试她都没有及格。如果她不花时间多学习，下次测试可能还会通过不了。"

"您的女儿似乎和其他孩子无法融洽相处，无论所处的情境如何，她都能依然保持自我。"

"我们很担心您儿子杰里米（Jeremy）的学习问题，您能来电，并在方便的时候和我面谈吗？"

"杰西卡（Jessica）似乎还没有准备好上一年级，她没学会字母发音，我们围在一起读故事的时候，她也经常注意力不集中。"

"肯（Ken）有一个多星期没有交自然作业了，您能马上给我打个电话吗？"

很长一段时间我才意识到，大多数家长都想尽全力做到最好。他们并非故意养育一个不好学、不爱学，或者不走寻常路的孩子。所以当他们面临孩子的前途问题时，通常都会肠胃绞痛，精神紧绷，重现当年自己作为学生时的失败情景，立即陷入自责、斥责的旋涡，或处于防御状态，将罪过归咎于他人。对于父母来说，找到教育者解决问题的方法，通常需要家长和孩子在态度和行为上做出重大的改变和艰难的抉择，需要消耗大量的时间（和金钱）。这是一项艰苦的工作。

家长发现的问题

有时，家长会自己发现一些问题。这些问题可能会围绕着课程设置不佳、书籍教材不满意、老师教室纪律管理差等，对孩子的班级或学校期望值低。一些学校问题可能会影响家长对学校的积极看法，学校体系也经常会对孩子的能力成就或对学校环境的适应力产生不利影响。这些都是本质的体系问题，需要频繁地进行重大改革来进行补救。

学生发现的问题

最后一种学校问题的类型是由学生自行发现的。如果家长定期和孩子谈心，倾听他们的心声，通常都能在他们的评论中发现线索，找出潜在问题。

"老师不喜欢我。"

"我不明白那节课讲了什么。"

"我数学考试得了D。"

"没有人喜欢我。"

"我放在储物柜里的午饭被人偷了。"

"我们班真糟糕。"

"我看不懂作业。"

所有孩子都会时不时地抱怨学校，学会分辨真的问题和每天学校生活中的起起伏伏，是管理者和家长需要掌握的关键技能。对每个孩子来说，学校的生活不是天天都顺心如意，成长的每个阶段就是要应对这个不完美的世界。但是当怨声载道的声音接踵而来，围绕着一些中心问题，开始影响人们的食欲、睡眠习惯或性格时，这就向人们发出了警告，学校的问题较为严重。不要忽视这些抱怨，认为这些无关紧要，或者只是孩子的想象。我作为一位家长、老师和管理者，从我的经验来看，孩子都是十分敏感的，对校园体验抱有很重要的看法。不管出于何种原因，当他们在学校感到不愉快时，我们都需要尽力弄清焦虑的根源。孩子在学校面对的任何问题都是真正的问题，必须加以解决。有时候，我们所要做的就是倾听和感同身受。

解决困扰我们的问题

然而，靠倾听、感同身受、道歉却远远不够，你期盼着解决一些问题，但最终只会招致愤怒的家长首先登门造访。校园欺凌、教学无方、校园骚扰、学业失败、不负责任的员工、不安全的环境都是不允许出现的问题。当然，你无须单枪匹马解决它们，这样的做法很不明智。但是作为管理者，你有权力单独收集信息、利用资源、召开会议、用便利的方法解决问题——运用探索性和行动策略。没有你的介入和专业知识的支撑，大多数学校问题都会愈演愈烈。

探索性策略

当我们面对焦虑的家长，处于探索阶段时，试着收集更多的信息，更全面地了解问题，时不时地提供一些可行的选择方式。这一阶段可能在与家长的第一次会面中就已经展开了，如果必要，在下一次会面时，更全身心地投入解决问题。

慢慢来

至今没有任何规定，要求问题立刻得到解决，始终要花点时间思考一番。在做任何决定之前，都需要一天的时间冷静。永远不要让家长把你逼入死路，"我现在就要知道你究竟怎么处理"。"明智的教育者清楚如何左右逢源，为自己争取更多的时间，吸收能量，集思广益，最大化地确保最终决定的正当性。"下面介绍一些放缓行动的方式：

- 会议期间，间或停顿，不要发言，给自己一些时间整理思绪，你可以品一口咖啡或检查你的笔记。
- 花几分钟时间重新组合，总结跟进。
- 不要在事先未征求他人（特别是老师）意见之前，承诺或建议采取某些行动。
- 请求给予更多的时间收集资料或征求上级领导的意见。这些做法表明你决心解决问题的态度，并且希望时刻跟进，了解进程。
- 当会议毫无进展（比如：重复阐述信息、怒火一触即发、事情毫无结论），也许是时候安排下一次会面了。可以考虑邀请专家协助（比如，邀请行为管理专家，探讨如何提高班级任务完成及时性的一些方式，或者邀请图书管理员，讲解校区教材选择的政策）。

询问问题

学会询问的技巧，从各个方面发现问题。这一整个过程和在派对上的即兴游戏一样，把包装好的小盒子一层层套在更大的盒子里，每个盒子都精心地包装起来。当人们拆开包装的时候，都会幻想要拿到"真正"的礼物了，然而却发现最后的盒子空空如也。一旦所有的困惑和误解被一层层剥落，问题也就不复存在了。

询问一些平常的问题，"谁、什么、哪里、为什么"。运用这些句式来帮助你进行更多的了解，比如"我说不准自己明白了没有。告诉我为何对你来说这很重要。"以询问来为家长提供选择性的思考方式，比如"这种方式可行吗？"或者"如果我们试着用这个办法如何？"如果其他均不可行，那么就询问家长的意见："如果是您，您觉得应该怎么做？"或者"您真的认为用这种方法解决问题可行？"不要害怕询问开放式的问题，因为你不会得到合适的答案。但是，要以起诉律师的询问模式扮演角色。坚定信念不是你的最终目标，头脑清醒才是。在你询问会面的家长时，会有很多积极正面的事情发生：

- 相比告知，从询问中你会得到更多、更高质量的信息。
- 你可以帮助其他人理性处事。
- 表明你很有耐心，愿意给予支持，关心他们所言。
- 延缓事态，让你可以有充分的时间来看清事情的走向。
- 你可以隐藏真实的目的，传递虚假信息，这样就不必兵戎相向。

有时，如果你可以将心智模式（或范例）暂且搁置一边，考虑一些替换方案，那么一些奇怪和意外的事情就会应运而生。心智模式是指"图像、假想和故事，它存在于我们和他人的内心以及机构和世界的每一个角落。就像镶嵌的玻璃框一样，会微妙地扭曲我们的视野，决定我们所见的心智模式"。森格提供了多样的沟通技巧，使与极富挑战性或意见不一致的家长会面，变为心智模式的探索。比如当面临僵局，森格建议询问以下问题，"我们是在开始两种完全不同的假设模式吗？他们从哪儿来？"又或"看起来事情陷入了僵局，恐怕我们要不欢而散了，你有什么想法能帮我们理清思绪呢？"。与垂头丧气家长的会面变成了管理者一次实际的学习经历，这或许是管理者值得考虑的一个革命性观点，放下你的防备，放手一搏。著名的组织理论学家克里斯·阿吉里斯（Chris Argyris）建议，即便最有经验的专家，在没成为高效率的管理者之前，通常也"没学会"如何在威胁中保护自己。阿基里斯想要表达的意思是，在有效的沟通中，面对感知的威胁，我们必须学会控制（就是说，没学会或重新学习）自己的大脑和身体以避免做出自主反应；要放弃本能防御，运用冷静的态度接受，并愿意倾听、学习甚至成长，来使心烦意乱的家长缴械投降。

打开选择之门

在交谈中运用合气道的技巧，这一技巧和武术中所用的十分相似。修习合气道者面对敌人的攻击，抵御时不会紧绷身体。相反，他们会迎头反击或下蹲躲避，抢占上风，化解身体猛刺的威力和效果。相对于告诉家长他们不能做什么，或因为政策和程序你不能为他们做什么，建议给他们提出一些可行的选择。当然，你得脑筋转得快，否则会无法保证承诺的事情，经验很有效，同样也需争取时间探索和检查一些可能的选择。运用以下句式打开这一扇门：

- 这里有一些选择……
- 我能告诉您的就是……
- 我所能做的就是……

- 您更倾向于哪个？
- 请告诉我一些细节，以便我知晓如何帮助您。
- 您是否尝试过……

低价出售、偏离剧本表演

这是商界盛行的一条经典法则，与焦虑的家长打交道时，它也同样适用。能付诸行动的承诺远远低于你的预期。如果家长希望孩子离开史密斯夫人（Mrs. Smith）的教室，就因为在数学课上孩子肚子疼，作为学校管理者千万不要提供建议，让孩子转到其他班级。但是，总有机会让孩子转到四年级的其他班里上数学课的，前提是不要忘记事先和相关老师商量稳妥。

讲故事

当遇到焦虑的家长，要求孩子换老师的时候，我经常用的一个行动策略就是讲故事。讲故事是一门技巧，家长可以从你的个人经历中受益，而不会感到你在提建议或告知他们应该怎么做。我会说："给您讲一个我个人的严重教训，我听孩子抱怨他上六年级时的老师，"我探索一些可行的选择方式，"我儿子持续不断地痛苦抱怨对他老师的敌意和愤怒。他的抱怨不是直接针对个人，而是整个教室的氛围不利于学习。于是我去了学校，和您今天一样提出了同样的请求——让我的孩子转到其他老师的班级。"

"辅导员同意了，我儿子转到了新班级。但是，"我告诉家长，"他开始抱怨和朋友分开疏远，不认识新班级的任何人。我们以为解决了一个问题，却换来了另一个问题。"我用亲切的口吻简短地讲了一下故事，并向他们提出问题，希望在其中能发觉更多的信息。如果之前通过恰当的途径，来改善老师的行为该有多好？如果我给儿子一些建议对策，来帮助他应付愤怒的人群，该有多好？一个人不可能知道所有答案，但是一个好的故事用更加微妙和恰当的方式叙述出来，比直接的提问更有效。

拒绝陷入三方旋涡

忐忑不安的家长通常希望校长或其他管理者替代他们做工作。让我来解释一番。假设X先生和夫人对Q老师不满。他们不去找老师探讨，反而找到我，要求为他们解决问题。你的第一个问题永远要问，"您和老师谈过了吗？"如果答案是否定的，"我们不想让老师知道我们在抱怨，"那么就是时候让家长知道，无论如何你会将他们所说的转告给老师，这相对他们自己来做会更妥当些。如果答案是肯定的，家长用一些文件证明解决问题而未果时，那么需要你出马介入，调停老师和家长之间的矛盾，或指出干扰解决问题的原因。要小心陷入三方旋涡——在本应交谈的双方之间纠缠，反而让你来负责解决他们的问题。

轻微地指责

传递负面消息是一门艺术，与焦虑家长会面时，你可能需要做这些事。你如何告诉家长他们的孩子欺凌弱小？你如何告知他们的孩子很可能有学习障碍？你如何告诉家长你因为很多事而抱怨他们，其实大部分都是他们的原因呢？要谨慎为之，手段要机智温和，但是要一击即中。不要害怕告知真相，否则你永远说不到点上。衡量一下家长一次能消化的信息量，特别是这些信息对他们来说完全是出乎意料的。不要喋喋不休或笼统概括,要简单明了,提供具体的事例。

不要告诉他们;展示给他们

一次和二年级孩子家长的会面让我记忆犹新。美术课老师处罚迈克(Michael),让他课后留校,这令家长颇为恼火。在我面前耀武扬威地挥舞着表格,他们要求我免除对迈克的惩罚。他们声称:"他没有做错事。"迈克,就如他天使般神圣的名字一样,笑起来甜甜的,眼巴巴地期盼我听从他父母的意思。我邀请他们到我的办公室。美术老师不是那种没有分寸的人,她这么做一定有充分的理由。她在表格底部写下了事情的始末,解释是因为迈克打了邻座的同学才责罚他的。所有人聚在我的桌前——迈克、他的母亲、父亲,确信我会伸张"正义"。

"我想听听美术课究竟发生了什么,迈克?"我开始问他,"你可不可以给我讲讲?"

迈克突然就想不起来了。

"谁坐在你的旁边?"我问道。

"艾米(Amy)。"他回答。

我说:"要不我假装是艾米,你表演一下是怎么回事。"

重现"犯罪现场",激起了麦克的表演欲,他立刻进入状态,给我展示艾米的胳膊如何挡在他画纸的边角。

"你觉得她是故意这么做的吗?"我问他。

"不。"在此情况下他回答得很诚实。

"那么你做了什么?"我接着问。

"呃,"他说,"我这样碰了她一下。"他曲臂用肘部尽全力地打在我的肋骨上，他的父母亲眼看见了这一切，惊愕不已。

我喘了口气说："我明白了。"家长也一样明白了。也许当时他们真希望地板上能开个大洞，把他们的窘迫和尴尬都吞噬殆尽。他们还不如一个七岁的孩子。我很想教育一下他们，把迈克钉在墙上责罚他，但我还是忍住了。我很感激他们的跟进，这么关心迈克的情况。

"很感谢你们的支持。有任何问题或疑问，不要迟疑给我打电话。"我说道。有时候，正义能被伸张。一"画"能抵千言。

不要与之对抗；要加入他们

当家长发现学校存在问题时，要全力帮助他们解决问题。一群家长因为餐厅的事情来找我，我大加赞扬他们所做出的努力，声称为了让学生能吃到更可口的饭菜，我们已经在讨论此事，并请求他们协助成立特别小组来对此进行研究。最终，我们都是赢家。

关注问题；而非人身攻击

保持焦点在问题上，尽可能避免人们关注缺陷和错误。如果家长开始诋毁他人，重新把他们的视线转移到问题的解决上。

行动策略

如果你们的行为倾向和我一样，运用反应和探索策略，就某种意义上来说，有些浪费时间。感觉我们已经知道了答案，需要采取行动解决它。很多情况下都会如此，家长通情达理，问题就不大，每个人都能达成共识。不过，当家长生气、不安、恐慌、完全失控时，花点时间回应和发掘是值得的。急于下判断和行动，只会让情形恶化，特别是如果你最终解决了一个错误的问题。然而，最终我们会走上正轨，开始干正事。下面是一些你翘首以待的行动策略。

解决问题

一个出色的问题解决者所具备的品质，和成为一个好家长或婚姻伴侣所需要的品质是出奇相似的：要耐心、自律、具有创造性、不断改进、反复尝试、诚实、不间断地学习。问题解决一直是高质量决策的一部分，但是解决方案的出台无不伴随诸多挣扎、绝望、间或性的混乱和迷茫。每一位理论家都建立了自己的问题解决模式，大多数都包含七步必做之事，只是有些变化形式：

（1）收集一切证据事实，确定问题。在尚未听取所有不同的声音之前，就草草下结论或阐明你的观点，通常会错误地解决问题。教育问题很少需要即时的解决，你手中掌握的信息越多，就越可能找到高质量的解决方案。一些可能的信息来源包括观察、测验成绩、历史数据、咨询各类专家的意见建议。寻找你信任的人加入学生支持团队，并作为宣传媒介直抒胸臆。

（2）确定某些可能发生的问题原因或问题来源，运用自己的专长，迅速地做出反应。你也许能准确地认识到他们的所需，但即使你能正确地做出评估，其他涉及人员（比如老师、家长、学生）也需要时间消化，以便达成一致的结论。我曾经遇到过一些家长，他们需要数月的时间才能清醒地认识到，怎么做才算对孩子最好，如果不给他们时间和空间进行思考，我们可能会一败涂地，难以帮助孩子解决问题。

（3）核实原因。有时，找到原因的可能性微乎其微，浪费所有人的时间。在其他某些时候，确定原因可保障高质量的解决方案。

（4）确定可取的解决方案。问题的解决方案不止一种（甚至在数学上也是），所以不要过早地专注于解决问题。这样会抹杀其他人的创造力，错失最佳方案。在确定方案的过程之中，不要指责孩子、家长或老师。抱怨、指责会适得其反，点燃怒火。假定每个人都清楚如何恰到好处地做到最好。如果需要行为发生变化（比如家长、老师、学生），掌握管理诀窍的某人和领导者将会为需要的当事人提供帮助（比如员工成长、行管管理支持、家长培训、咨询等）。仅仅告知人们做改变完全不奏效。

（5）确定最佳方案，制订行动计划以便实施。制订行动计划的一个关键环节，就是要确保所有参与方清楚计划实施的原因、对象、内容、地点和时间。我曾经目睹很多出色的计划由于缺乏解释说明，而中途夭折。每个人都应该知晓计划实施的缘由（比如旨在提高作业完成率、提升阅读水平、调整学生学习时间）。所有参与者（对象）都应该知道他们应采取的行动（做什么、怎么做）。将行为预期记录在案，确保每人，包括孩子，都持有副本。计划需写明时间线（什么时间），并注明活动地点（在哪儿）。凡事任凭命运摆布都不会成功。

（6）实施计划，确保有充分的时间施行。

（7）评估、调整计划。寻找成功的方法（比如上交更多作业、减少不良行为、家长和老师之间更多互动等）。

事先提醒你，在问题解决的过程中，会发生三种可能的情形：达成共识、妥协、对抗或让步。

如达成共识，所有参与者（家长、老师、校长、孩子）都会在问题和解决方案的本质上达成一致。也许会有些许分歧，但不会影响大局。家长支持学校教职人员的计划，在家中尽其所能协助配合。莎伦（Sharon）就是一个完美的案例，这期间我们达成了一致，相互合作。莎伦上三年级，阅读能力很差。她从私立学校转学而来，一年级时由于教职工经常大轮换，她的阅读出现问题而被老师忽视。我们给莎伦做了测试，很显然她存在学习障碍问题。学校立即安排了特殊照顾，并要求家长在家中进行辅助工作。我们也和莎伦商谈讨论她在其中扮演的角色。每个人都服从安排，恪尽职守，到六年级时，莎伦的阅读能力已经高于年级水平，在阅读大赛上也荣获嘉奖。没有任何一个问题像这次一样得到了如此成功的解决，但这个实例指出，当每个人包括孩子都参与其中、紧密合作时，可以产生多么巨大的成效。

有时，由于问题的性质或解决方案的类型，从而产生分歧。在此情况下，就需要双方妥协。家长和校方之间基于合作的精神，求同存异，在一个或多个问题上妥协，本着对孩子最好的原则共同努力。与斯坦福德夫妇和六年级的女儿乔安娜召开了问题解决会议后，我们双方达成了妥协。新指派的老师代替之前休产假的老师为学生上课，而乔安娜与这位新老师之间存在严重的性格不合，而情况也愈演愈烈。新老师认为乔安娜任性骄纵，是被宠坏的未成年人。而家长却认为新老师无法胜任他的工作。乔安娜在离间校方和家长的关系，而校长就夹在其中，难以做人。斯坦福德夫妇要求立即更换人员，但是同意老师、校长和乔安娜共同设计的临时方案。家长并没有给予百分之百的支持，但他们愿意等待，暂不强迫更换老师。在学年末，我们都一直做得很好，并未出现兵戎相见的局面。

当意见出现分歧，达成一致或妥协的希望渺茫时，就会造成对抗、让步或两者皆有的情形。如果家长希望采取的行动令校方无法接受,又或校方希望采取的行动难以得到家长的支持,双方就会陷入僵局。高效能的管理者和老师始终寻找解决问题的方案,如果管理者不愿意谈判,或家长十分棘手,让步是唯一的答案。显然这是下下之策,为孩子找到其他的选择或许是唯一的解决方案。不过,要记住,解决问题的目的是要寻找一种方式,帮助每一个孩子在学术、行为和社会大舞台上功成名就。

以爱的名义说实话

我将这种特殊的行动策略称为"以爱的名义说实话",因为只有当校长关心家长时,他们才愿意付出更多来帮助家长对抗那些伤害孩子和他们自身的行为。一个好的校长不会掺杂任何评论,他们倾听家长所言,感受家长的内心,体会家长的伤痛,表达关切。除此之外,一个真正优秀的校长会协助家长从全新的角度看待我们的状况。以爱的名义说实话需要勇气,正常的承诺需要坦率和诚实。我这里所讲的爱,不是"坠入爱河"的浪漫之爱或暖人心房的爱,也不是看到孩子在读完睡前故事后沉入梦乡,我们用相机所捕捉的那一瞬间影像的爱。我们所说的爱的真情,与"严厉的爱"有异曲同工之妙,为了孩子着想,即便家长令我们感到十分不适,也乐意直面对抗困境。

以爱的名义说实话是一种方式,能协助愤怒的家长处理以下无论是你还是家长都无法控制的恼火问题:①世界充满了不公平;②世界充斥着不完美;③不能满足人们的欲求。你的目的就是协助家长发现事实的真相,因为只有当家长改变自己的行为时,某些问题才能加以解决。

苏珊·斯科特(Susan Scott)将相遇称为"激烈的对话"。除非你错误地假定斯科特的"激烈的对话"是刻薄或敌对的相遇，考虑一下"激烈"的同义词组，在《罗热词典》(*Roget's Thesaurus*)中可找到：诚挚的、强烈的、热情的、果断的。要想到"热烈的忠诚"而非"凶猛的狮子"。斯科特这样定义激烈的对话：从我们之中走出来，进入对话，成为真实。经常我们会遇到这样的情形，家长或孩子说出或做出不合时宜的事情，我们会做好万全的准备，精心策划战略，出于好意，召开一次见面会，然而结果只会说得多错得多。我们永远说不到点上，说出实情，正如当代隐喻所说——"谈论坐在桌子中间的大象①"。有时，为了避免冒犯家长或令自己难堪，我们可能会愚蠢地喋喋不休，混乱不清、局促不安，却不主动沟通。正如老话所说："如果你从没踩过别人的脚趾，你就从来没有散过步。"斯科特所描述的避免方式，令我们都深感愧疚：

谈话太多，却没实质性的意义。难忘的对话应有喘息的时间。放慢对话频率，从而在字里行间洞悉顿悟，你会发现谈话的真正目的及其所需。

激烈的谈话在与愤怒的家长第一或第二次会面中，极少能发挥积极的作用。在你倾听、观察、从各种角度发掘之后才会成形。有时，你会发现自己正与一位极易失控、酷爱操纵的家长打交道，而他们却极其擅长逃避真正的问题，令你处于持续的焦虑当中。那么是时候开始激烈的交谈了。

面对某人不合时宜的行为，斯科特建议了一个简单却有效的六步流程：①指出问题；②选择具体的实例来说明你想要改变的行为

---

① 一句英语习语：形容非常显而易见的事实却被忽略或未被解决。

或处境；③对此问题描述你的情感；④澄清利害关系；⑤指出对该问题你所做的努力；⑥表明你决心解决问题的意愿；⑦邀请他人对你所说的做出回应。一旦针对六个步骤写下简单的声明，口述出来就不会超过60秒。

下面一位校长用了60秒的时间对一个家长说了这样一段开场白，这位家长在放学后意外造访，恐吓儿子的老师，在自己的孩子和全班同学面前，大声宣泄她的不满。

问题：马丁夫人（Martin），我想和您说说发火的事，它不仅影响到您和马修的老师——琼斯小姐的关系，而且还影响马修上课的集中力。

举例：昨天，在教室外，因为马修的科学成绩问题，您用敌对、指责的态度与琼斯小姐对峙。许多学生（包括马修），还有家长和老师都听见了。

情感：对于此事，我感到很忧虑，它影响了校园氛围，也影响了马修看待老师和学校的想法。连续三个下午，马修都待在医务室，声称自己胃不舒服。

澄清：我不希望您的行为造成不好的流言蜚语。我们学校的所有家长，包括您，我都很关心。

努力：发生这个事时，我应该第一时间和您联系，但是我却忽略了此事，希望它能自行平息。我很抱歉，我本应该帮助您。

渴望解决：今天我想解决此事。当我们今天离开办公室的时候，我希望我们不会再商讨此事。

回应：马丁夫人，我想了解您究竟有何看法。关于这个问题，我希望您和我谈谈。

这时校长就座歇息，不再开口。剩下的就由马丁夫人来阐述。如果能耐得住等待，你会发现这值得一试。务必确保为这次会面安排充裕的时间，在等待马丁夫人的回复中，你就不会坐立不安。能成功完成激烈谈话的秘诀就是，内心满怀期待，静静坐等，但表面上要风轻云淡，默默注视对方。眼睛不要往下看，也不要打破沉默，让马丁夫人自己开口。

如果马丁夫人说："现在对此事我没什么可说的。"你就说："那么要是您有什么可说的，您会说什么？"或者说："那您就随便编一编。"如果马丁夫人拒绝回答，你或许会说："我不知道究竟发生了什么，马丁夫人。如果您不和我说说，我只能猜猜了。"

这时，你可以大胆地猜测马丁夫人所做行为背后的原因："或许在小时候，您非常痛恨学校，每次走进学校的大门，都感觉回到了小学时代，这让您十分抓狂，难以忍受。"如果不是这样，你再大胆猜测："或许老师在学年初对您说了什么无礼的话，您难以忍受，或者不能接受自己的儿子在她的班级，所以每次见到这位老师，您都肆无忌惮地朝她发泄，看看她是否会对您发飙，这样您就有借口要求把您的儿子转到其他班级了。"

此时此刻，马丁夫人很可能会很乐意地告诉你，她是因为丈夫搬走，面临很大的压力才出言不逊，她也认为自己的言行很糟糕，对于自己的不成熟和错误判断表示羞愧。瞧！现在你和马丁夫人就能继续解决问题了。

破坏好意的行为

有一些回应很可能会令家长生气进而回击你。这里列出了一些不能做的行为：

- 不要中途打断。安稳地坐下，保持沉默。即使说话者说的不对，也不要跳出来纠正。
- 不要为了避免听到问题而主导谈话。
- 事先没有给出提醒，不要改变话题。因为在交谈中，我的思绪总是游离界外，我拼命地与之对抗。当我觉得话题偏离过多，我会像足球比赛中那样给出暂停信号，提醒和我谈话的人。除非谈话人情绪焦虑不安，改变话题会火上浇油。
- 对于无法改变的事不要过分纠结。关注在可变的问题上，这样你、家长和老师都能控制。
- 不要抱怨你的日程（比如攻击监督人或学校董事会，因为他们没有给你足够的资金来完成你想要的计划）。
- 不要用沉默对抗（比如试图不说话，盯视对方使之不敢对视）。
- 在真正听见和理解家长试图所要表达的意思之前，不要预演你的答复。
- 除非被请求，不要给予建议。
- 不要试图说服家长，暗示或声明他们错了而你是正确的。
- 不要过分中立，显得你毫无同情心。
- 不要给人留下无所不知的印象。
- 不要强迫谈论或过分解释，否则会在听者心中产生疑问。

- 不要在家长的胁迫下，把自己逼入绝境。在回答"是"或"不是"之前，好好思考。
- 不要一心想平息冲突，否则就只能得到表面的相安无事。

毫无奏效时该怎么做

在某些情况下，你做任何事都没有效果。你做了每一件对的事，但是在家长看来，每件事都能挑出错误。这时，我会温柔地建议家长试试选择别的学校。不是所有的案例都要这样做，只是在个别时候。下面是我所使用的指导方针。

什么时候留下

当所有人对问题达成一致，并愿意共同商讨解决方案时，劝告家长留下共商大计。家长通常都认为自己明智，然而有时却好坏不分。要让他们明白，在尚未给所有人提供机会找出解决方案前，就急于参与未知的情形，只会酿成大错。鼓励家长给"犯错误的"老师一次机会，在班级做出一些改变。试着给孩子和老师展示解决问题所能带来的益处。

如果家长充分地认识到问题出在他们孩子的身上，并且孩子有能力解决，就建议家长暂缓商议。如果问题仅仅是孩子的问题，那么转移问题也无法解决它。转移只会让孩子认为如果他们不愿遵从、循规蹈矩，所能做的就是不断抱怨，那么超级奶爸奶妈就会前来施以营救。有时，孩子的确需要重新开始，但是要给他们机会解决问题。如果可以做到，他们会很有成就感。

如果本学年将要结束，就建议家长暂缓商议。经过将近九个月的努力，每个人都身心疲惫。等到夏季来临，生活压力减轻时，再鼓励家长探讨决定。无须一夜之间就做决定。

如果孩子正控制着局面，试图获取所需，不愿诚心做出改变，那就向家长解释暂缓商议的有利之处。有些孩子是控制局面的高手。他们非常清楚，若能说服家长问题出在别人身上，他们就不必"接受惩罚"。对那些认为孩子永远没错的家长来说，很难说服他们接受事实，但依你对情形的判断仍需直接、坦白、友善。

如果家长面临家庭危机，那么要警告他们做出明智的改变。家庭陷入危机时，为孩子的上学问题做决定往往会酿成错误。一旦家庭问题解决，学校问题也就构不成危机。帮助他们确定学校是否真的构成了问题，又或是其他问题被掩盖为学校问题。通常，家庭咨询顾问能帮助家长更清晰地看清状况。

什么时候离开

家长考虑转学的情形，通常都有充分的理由。希望在他们面临这一选择之前，你能加以解决，然而有时，解决问题所需要的时间比家长所愿意等待的时间要漫长得多。所以我建议：

当孩子持续不断地遭受骚扰、饱受欺凌或陷于危险当中时，家长应该考虑转学的想法。操场欺凌无所不在，如果老师和管理者对此无能为力，那么是时候考虑转学的问题了。家长和老师应该教会孩子对付欺凌的招数，没有成年人的有效支持，对于受害者来说，生活将会痛苦不堪。通常拥有不同的价值观、敏感或极具天赋的孩子，如果没有遭受身体的虐待，那么就会遭受言语的歧视。

如果孩子交友不慎，家长让孩子转学或许是明智的选择。在每一个过去的学年，朋友对他们来说越发显得重要，如果朋友在不好的方面影响着他们，那么家长就需要采取行动了。家长的判断需合乎情理，如果他们确定孩子的积极性、处事态度、对家庭规矩的尊重和道德标准在下降，那确实需要加以警醒了。

如果孩子经常接触毒品、性和暴力，那么转学确有必要。如果孩子担心毒品、性和暴力会占领他们的生活，他们就没时间集中精力在学习上了。其他人也会一样。

孩子成绩若不及格，且没有挽回的余地，家长绝对要考虑给孩子转学。没有哪个孩子应该学习不好，没有理由让这种事情发生。或许在一个新的环境重新开始，孩子可以从头来过。

家长反对任何尝试过的方式后，你可以礼貌地向他们建议其他的方式。一些家长非常擅长对学校所发生的任何一件事吹毛求疵。他们严阵以待，随时准备对图书馆书籍中的猥亵词语进行攻击，批评老师的错误判断又或挑剔政策的不一致性。如果孩子不用担心他们在学校所发生的任何事会对父母有影响，显然他们会开心很多。

有时很不幸，人们之间会产生性格冲突。人们会在错误的时间说错误的话。和解和冲突解决听起来是极好的术语，然而当学校和家长之间存在不可调和的冲突时，孩子要遭受痛苦，家长需要严肃地考虑转学离开。孩子非常清楚人生中最重要的人，在什么时候会难以相处。父母反对的时候他们要承受痛苦，而父母和老师意见不合时他们也要承受。所以家长需全心全意地支持学校的做法。

我建议如果老师水平较差或不作为，孩子应该转学。教学不好的老师比比皆是。有些老师人很好，但教不好书。而有些甚至人品也不好。如果孩子遇上这样的老师，家长无计可施，无法让孩子转到其他班级，那么应该考虑转学了。任何事都不应该影响孩子的学习。孩子有太多的事情需要做，在学校毫无收获等于浪费一年的时间。整个学年，孩子都会沉默寡言地在小学教室中花费上千个小时的时间来学习。如果不出类拔萃，会消耗孩子很多的精力。补救或解雇不称职的老师都需要时间，需要记录备案，例行程序。同时，一些差班的孩子还要付出代价。无论是个人还是职业生涯，我曾经都遇到过这种情况。

总结与展望

　　第一章至第三章，关于如何应付易怒、不安、神经紧张、失控的家长，我们集中研究了两个大方面：（1）我们可以运用妥善的回应和探索对策，帮助缓解他们的情绪；（2）我们运用一个或多个行动对策，协助促进问题的解决。不过，我们还可以采取更多的积极步骤来减少，甚至消除失控的情绪和棘手的情况，这些情绪和情形甚至营造了愤怒、误解和怀疑的文化氛围：（1）营造健康的校园氛围，肩负着责任，要努力沟通；（2）将家长纳入你的校园团队。在第四章、第五章中我们会探讨这些步骤。

第四章　创造和培育健康的校园环境

在学校里充斥着一种微妙的精神，它存在于老师和学生的观念之中，表现在方方面面，也许不能准确地被描述或分析出来，但是就连最缺乏经验的观察者走进校园或教室时，都能感知得到。

——L.J.钱伯林

一谈到健康，我们通常是讲身体系统，但是组织和机构也同样能用健康或不健康来描述。就像健康的身躯一样，所有机能部件一起工作以达到平衡，健康的组织也一样，存在着某种健全、完整的机能。健康的组织提供一种氛围，使所有成员有能力每天不断地对系统发出的挑战做出反应，从而保持组织的健全和完善。就像人类身体持续遭受各种各样的细菌和病毒的攻击一样，"疾病"可以暂时甚至永久地破坏学校的内部平衡和健康。甚至连最健康的生命体也会遭受致病微生物的密集火力狙击。然而，健康的人类或组织能够依靠抗氧化剂、免疫系统和治愈能力对疾病做出反击。就像疾病的出现会令我们的身体发出信号，开启治愈过程（比如体温升高杀死病菌），一旦组织意识到有破坏、猜疑、愤怒或挫败者，成员会立即发动攻击抵抗不受欢迎的闯入者。知晓最常见的病菌和疾病，可以帮助你诊断和治疗学校的潜在疾病。这些带有传染病菌的侵入者可能来自外部，是由家长带进学校的致命病毒；也可能来自内部——潜伏于你和全体教员共同创造的文化与氛围中。

"致命病毒"

病毒性感染比如愤怒、不安、失控和完全暴怒的家长，会被携带进你的校园，就像病毒入侵人类身体一样。健康的人体携带着大量病毒，你的学校也总是充斥着不安的家长。病毒对你的身体造成伤害，然而也需要和身体的健康细胞进行互动。它采用非常精明的方式，骗过了宿主细胞，让其认为它们都是无害的。而宿主细胞无辜地为这些病毒提供营养和温床，使病毒开始生长和繁殖。病毒具备诸多有趣的特征，在许多失控家长的身上也同样能找到：

- 对自己没法说"不"。
- 没有边界，不尊重边界。
- 它无法自行管理；总去不属于自己的地方。
- 无法从经验中吸取教训。
- 不能为了其他细胞牺牲自我。
- 是一种细胞内寄生虫，没有自己的生命。

失控的家长要对学校造成严重的破坏，他们需要找到相同的宿主细胞，个体能够增强甚至赞同他们的行为（比如其他家长、老师，甚至校长）。在缺乏强有力的领导来对抗这些个体，并且不追究他们不恰当的行为时，家长病毒可是致命性的。然而，他们内部和本身几乎不会造成任何威胁。有如下六种存在潜在危险的病毒：

秘密活动

任何事摆在明面上处理,就没什么令人担心的了,但是如果人们私下沟通,麻烦就会接踵而来。小秘密、不公开的会议、流言蜚语、小道消息都是病毒的印记。健康的校园是一种开放的氛围,盛行诚信的品德。喜欢秘密的人都是缺乏安全感、依赖感强、孩子气的个体。他们隐蔽的议程、伪善虚伪与欺骗的行为,我们都应该正面对抗使之消除。这就需要管理者和员工强有力的领导能力。

有这么一个实例:露丝·拉什顿(Ruth Rushton)是家庭教师协会主席,她发动了一场运动,诽谤新上任的校长,理由是这个校长拒绝臣服于她的权威之下。露丝的手段非常典型,和那些喜欢谴责别人的人一样:散播流言蜚语,发动请愿活动,召开秘密会议。她把这些事公之于众,虽然很困难但却不是不可能。对此,校长邀请了露丝、主要的沟通员、家长代表召开了一次公开的论坛,她淡定自信地面对这些流言蜚语。

校长拒绝将露丝的不健康管理融入学校之中,否定自己在背后施展阴谋。她面对面地在会议中与他们交流,学校又有了健康的氛围。面对秘密活动保持缄默,会给不健康的氛围提供滋养的沃土。

挑剔指责

不愿承担责任解决问题的家长,通常会将过错归咎到其他人身上。"你没有教好我的孩子。""如果你做得好,我的孩子会有更多的朋友。"在他们眼中,无论什么问题,都应是我们的责任,需承担解决。"指责的病毒"需要依靠宿主细胞成长,你会发现是校长耗费了所有的时间，通过防御、解释、辩护或试着"弥补"来增强这一指责。健康的领导能够认识挑剔的病毒，意识到这些指责不是在对他们或学校进行定义，而是定义做出指责的个体。指责的病毒携带者很容易辨认。吹毛求疵的人永远不会高兴，即便问题解决了也不会。麦克尔森夫人（Mrs. Michaelson）是一流的指责病毒携带者。我们会因为任何事而遭到她的指责，甚至是她的健康。如果她的儿子在学校没有出现那么多的问题，她也不会有高血压。我们聆听她的责备，但是拒绝承担她的问题责任，始终让她和儿子为他们的行为负责。

后院闲话

家长散播谣言，并且半真半假的陈述时，通常都是因为盛行或得到错误信息造成的。后院闲话最初可能看似无害，但是如果你的学校有一群家长遇到问题时从来不追究根源，相反只会在后院作为谈资闲谈，那么你就遇到问题了。制止后院闲话最重要的方式就是向每个人提供准确的信息。人们如果没有获取信息，他们会自行捏造。不知道真相的他们会自己想象捏造，然后再对其做出反应。

谎言、半真半假的陈述和诽谤

携带这种病毒的家长通常表面"正直"，因为他们的操控欲和欺骗性行为不易被察觉。他们能瞬间破坏掉学校的信任度，令最有效率的管理者和老师变得些许偏执和多疑。我相信这一类型的家长最难对付，因为他们的观点和我们有着天壤之别，我们无法辨别他们的身份——撒谎者。斯科特·派克（Scott Peck）的一本书《说谎的人群》

(*People of the Lie*），在第二章中，针对病毒提出了非凡的见解，展开激烈的讨论，恰如其分地描述了这一类型。

三角关系

一旦你认识第五种病毒的症状，就很容易克服它。三角关系是指本应对话的两人，你却发现自己夹在其中，不知不觉中就扮演了中间人的角色。事情是这样的，史密斯夫人的儿子上四年级了，在学校出现了一点问题，于是史密斯夫人找到了你，说老师没有公平地对待她的儿子。她希望你能与老师解决这个问题（当然，她不会告诉老师，你和她为此已经交谈过）。当你问起史密斯夫人是否已和老师谈过，显然答案是否定的。正如斯瓦希里的谚语所说，"大象打架，遭殃的是草地。"在本周这出班级戏剧中，猜猜谁扮演草地的角色！一些家长试图形成三角关系，因为这最容易实现。如果能把解决问题的焦虑和责任都推到你身上，他们会神清气爽，问题也会变成你的了。千万不要让它发生，始终把焦虑推向他们，让他们自己解决。最后一招就是，召开会议让双方都参加。如今，当家长焦虑的源头是孩子、个人情绪，或者是艰难的婚姻困境问题时，学校里就没有人能够解决它。明确地设置界限，阐明谁真正有问题。显然，这不是老师或校长的责任。

友好的敌人

第六种和最后一种病毒能让你在意识到自己被曝光之前，就已卧病在床。破坏者不会身上贴着标签，宣称自己就是来破坏你的领导力或信誉的。大多数时候，他们都很亲切、给予支持、不吝赞美，至少在你面前是这样。但是他们的赞扬总让你觉得缺少自信，并且奇怪他们的用意。一旦你获得了权力或受欢迎，这位友好的敌人便开始腐蚀你的支持者。这些家长不喜欢某些人在学校里担任成功的领导，他们更喜欢人们转向他们寻求意见。他们可能有着严重的情绪问题，这些滋长了他们的毁灭倾向。

十二大危险

我向全国各地的医学专家和那些拥有亲身（非常疼痛）疾病经历的读者，致以诚挚的歉意。我粗浅地列出了以下"疾病"清单，它们是从内部攻击衰弱校园的典型模式。

瘫痪

"瘫痪"的症状在学校很普遍，会让人们无法完成工作。有时，瘫痪是由于管理者独揽大权所造成的。他们勒紧缰绳，除非管理者同意，在组织中不让任何人施展作为。这种行为使员工被迫扼杀他们的创造力，好主意最后只沦落到丢进纸篓的命运。这种类型的瘫痪会造成不活跃或不确定性。

痢疾

学校情境下"痢疾"的主要症状是家长、学生、老师、员工和管理者持续不断地进行言语攻击、羞辱咒骂。噢，有可能有一些亲切体贴、性情和蔼的人，但是不久他们就了解了规矩，也加入了这些四处发泄的人群中。这种痢疾类型的症状，经常在公共场合爆发，并出现爆粗口和暴力表演。

慢性疲劳

每个人都希望其他人处理事物，而没有人愿意卷起袖子去工作，那么"慢性疲劳"症状就出现了。这种问题可能是过度工作筋疲力尽、缺乏领导和动机，或者缺少有意义的任务和愿景所造成的。这种疾病令人衰弱，也极易相互传染。无聊和压抑经常伴随着疲劳，绝望感也会随之而来。

高血压

高血压通常被认为是坐等发生的心脏病或中风的前兆。学校环境下的"高血压"就如同即将烧开的壶中水一般一触即发。操场暴力时时发生，教师休息室中气氛高度紧张，办公室人人愁眉苦脸。每个人都感到不自在，但是却不知道为何如此。一股无形的压力笼罩下来，人们怨声载道。不久，维苏威火山爆发，马上就要天塌地陷。到那时，会造成大面积的伤害，而且难以修复并要付出昂贵的代价。

心力衰竭

"心力衰竭"的症状是缺乏同情心、相互理解和关心。每个人都希望被倾听和理解，没人愿意换位思考。经常听到的一句格言就是"我要争第一"。

牙关紧闭症

"牙关紧闭症"会造成人们无法彼此交谈他们的所思所想。问题被掩盖,或者他们在停车场进行非正式会面探讨,但是却从未在公共场合或以组织形式展开过讨论。管理者是这类疾病的主要携带者,如果问题极其恶劣,该疾病会扩散成为传染病。

循环性虚脱

双向沟通渠道衰退标志着"循环性衰退"即将发生。当信息没有正确、一致地在校区所有成员中间传播,循环性衰退症状就会出现。流言蜚语会加重病症,如果不及时处理很有可能致命。

肌肉和肌腱发炎

这种情况无处不在,令人烦扰。肌肉和肌腱发炎的症状为,侵略性和敌意的人际沟通间歇性发作。造成或恶化这类发炎的原因不得而知,通常会令遭受攻击的一方感到困惑不已。"她为什么会生气?""我不知道他在困扰什么。""你觉得是因为我说了或做了什么吗?"就在你觉得一切计划顺利进行并万无一失的时候,炎症就会发作,制造愤怒、自卑感爆棚、极度挫败。

肠道易激综合征

"肠道易激综合征"的主要症状是长期抱怨和批评。无论人们做了什么,总是不够,总是错误的。道歉和赞扬都会带来蔑视,最严重的患者会身穿T恤衫,胸前烫着一两句格言:"杯子是半空的"或者"天就要塌下来了"。

老茧、鸡眼、拇囊炎

真实的老茧、鸡眼和拇囊炎很硬也很黏,学校环境中的个体所存在的狭隘和僵化中也能寻到这些特征。一群教职工、家长和学生无法缓和让步或相互融洽,学校就难以采取新的管理模式、重组或改革。

水痘

学校出现的这种疾病,与常见的儿童疾病有些许不同。该疾病重点在"水"而非"痘"上,主要症状是过度恐惧表明立场或体现领导力。这种疾病也是依赖携带者将病毒传播给他人;管理者是极易得病的群体,在毫不知情的情况下就感染了整间学校的人群。

营养不良

这类疾病很难诊断出来,在早期也无法确认。它折磨着那些不追求更高学历或者蔑视员工发展的职员。大打折扣的课程对学生的预期相对较低,甚至连管理者也倾向于营养不良这种症状,他们认为教书和学习仅仅是老师和孩子的事情。教育营养不良的结果就是学生成绩不佳,教师道德感低下,缺乏效力,家长普遍存在不满意情绪。

健康的校园氛围

如果你身体发烧,说明你在对抗传染病。同样,你也有方法来测量学校的温度，看看它是否在与不满、怀疑和混乱的入侵相抗衡。如果温度计的水银上升，那么就需要治疗了。图表4.1列出了16种描述健康校园的指标。在本书后面的辅导者指南中，可以找到每一项指标的描述范围以及获得指标的指导。

你脑子中对健康的校园有一个整体印象吗？当你试图建造一个这样的校园，你必须清楚它的样貌。内科医生或科学家在显微镜下检查细胞确定是否病变，前提就是他们头脑中十分清楚什么样的是健康的细胞，以便确定病变细胞的状态。健康校园的几个主要原则总结了我们刚才所描述的健康校园指标清单中的品质和特点。这些概括适用于生活和工作在校区的不同群体：家长、学生、具有从业资格的员工和管理者。

图表4.1 健康校园检查清单

> 指标1：所有学生受到员工的尊敬，包括校长、老师、助教、秘书和办公室员工、保管人员、巴士司机和餐厅服务人员。
> 指标2：校长和员工对学生的成绩寄予了厚望，直接与学生和家长沟通。
> 指标3：校长和员工扮演学生的拥戴者，从他们学校生活的方方面面与之沟通。
> 指标4：校长鼓励员工和家长之间开诚布公，求同存异。
> 指标5：校长考虑老师、家长或学生的问题，展现关切、开放的态度，如果时机合适，参与问题的解决。
> 指标6：校长塑造恰当的人际关系。
> 指标7：校长培养、保持高尚的品德。
> 指标8：校长有组织地收集和回应员工、家长、学生的关切。
> 指标9：校长妥当地承认其他人的功绩。
> 指标10：所有员工，不分级别和资历，都能够开诚布公地相互交流，说出心中的所思所想。
> 指标11：全体员工的个体能力、知识和经验被充分地利用。
> 指标12：不同个体间（老师、家长、学生）的冲突能够以开放、有效的方式解决，群体中的个人之间要相互尊重。
> 指标13：校园的全体职工都能清楚地表达所思所想，致力于为学校的愿景和任务做贡献。
> 指标14：员工能自由地表达自己的看法，不被嘲笑或报复，并且允许他人同样如此。

续表

> 指标15：员工能互相帮助，不必担心对方背后的动机。
> 指标16：校园氛围以开放、尊重个体差异为特征。

任务和愿景

健康的校园志在必得。对未来抱有清晰的愿景，对明天担有迫切的任务。有方向、有目标，每个人对自己的角色都达成共识。

分离而又连接

健康校园中的个体分离而又连接。任何关系的类型都是两个极端相反的连续统一体——一端的个体抱定决心要坚持自己的方式不容妥协，最终的结果只会导致分解（或分离），又或者同样痛苦的对立双方相互融合，没有个体空间，每个人必须按照"政党路线"思考发言。校园中健康的关系如同健康的婚姻关系一样，有个人独立的空间，允许分歧、对话、连接的存在，鼓励合作和共识。极端的融合和分解同样不健康。

领导坚持雇用和自己如出一辙的员工，或者凡事都表示赞同的人才令领导满意，对所有员工包括自己来说，都营造了一种非常不健康的氛围。

心灵的转变而非偏执

心灵的转变和偏执源自希腊语，指的是人的心理状态。心灵的转变照字面意思是指"悔改"或有能力改变主意。有这种品质的人能够对自己的行为负责，当自身不妥当的行为对别人造成影响时能承担责任。他们不会将愤怒和怨恨带到第二天，能够原谅和遗忘。相反，偏执的个体（字面意思来说就是发疯）容易失控。他们不能控制自己的行为，对自身缺乏清晰的定义。然而，偏执是一种真实的心理失常，许多教育者和家长处于一种怀疑、批评、责备的临界状态。在你的学校许多这样的员工或家长社团会建立一种不健康的校园环境。

乐观而非悲观

在健康的校园中，人们被赋予权力解决问题、面对挑战、克服困境。这种态度之所以能被培养依靠共同的决策、个体和集体的责任感、人力和物力的资源供给。健康的校园能自我修复，从困境中迅速恢复元气，它是组织成长和变化的一种自然状态。

合作而非竞争

培育合作和相互依赖而非竞争的意识。老师敞开大门欢迎每一个人分享看法和资源，帮助解决问题。大多数学校员工在理解团队合作意识上仍然有待加强，他们的确不相信需要彼此才能完成一个结果。传统上，老师会紧闭大门，私下完成自己的事情，相较于合作来说，处于这样的角色中他们更舒服。能塑造、确认甚至奖励那些为了所有孩子聚集在一起的个体的校长，才能够创造和孕育合作。如果所有的员工朝着一个共同的愿景和任务努力——比如所有员工对所有的孩子负责，对每一个学校的"毕业生"负责（小学、中学、高中）——老师们就会用截然不同的方式来看待团队合作了。

对于不容忍的零容忍

健康的校园充满关爱和同情心。能够辨别卑鄙、讽刺、偏见、苦涩,并将之探讨和消除。校园所有成员必须倾听和留意同一个信息。老师需要从管理者那里听取;孩子需要从老师、家长、管理者那里听取;管理者必须为其他所有人树立榜样模范。零容忍之外的任何事都会让仇恨、无礼和苦涩扼杀学习和关爱。

成长成熟

健康的学校为每个人在学习上投资时间和金钱:学生、老师、家长。领导不会保护或拯救他们,但是会赋予权力。我所知的学习环境和传统"书本学习"所指的环境不同——学习、记忆、考试。从自制和自觉开始,但是需要与团队的其他人一起开发知识,连接得很紧密。

健康的领导

健康的领导随时准备接受挑战,思维灵活,愿意考虑许多选择,勇往直前。严肃地讲,成为一个真正的领导需要有强烈的情感,肢体、心理和精神的健康。健康的领导能为学校提供一个强大的免疫系统。健康的领导必须有能力听从意见:"要忠于自我。黑夜追随着白昼,你也必须如此,不欺骗任何人。"健康的领导拥有以下特征:

- 基于价值观、原则和信仰表明立场。
- 意识到个人情感。

- 能够管理焦虑。
- 能够管理愤怒。
- 能够在行为和感觉上做出判断。
- 与其他人保持联系。
- 识别并处理与其他人的情感。
- 容忍分歧。
- 鼓励对话。
- 从内部定义自我。
- 生活要有目标。
- 不断前行。
- 全力以赴、不断成长。
- 时刻准备，能克服领导工作中的痛苦。

改善并保持健康的校园环境

要保持健康的体魄多少有点沉闷和无趣，这需要消耗大把的时间，严格地遵守训练要求，抱有坚定的意志。如果真要做的话，锻炼、洗牙、服用维生素和矿物质、健康的饮食都是许多要做的事情。我们抱有好的动机，但是经常被时间约束或纯粹的无聊所打败，而丧失意志。然而，（对于某些人，宜早不宜迟），最终我们的疏忽和粗心会招致疾病，我们的牙龈、心脏或骨骼出现问题，而且发现自己将面临一个痛苦的现实，我们已经毫无挽回地破坏了自己的身体。

再阅读一遍图表4.1健康校园图表清单里那些特定的想法，也考虑以下几种建议：

- 雇用心理健康的员工。在面试环节，注意被面试者的心理健康程度。每分钟能打150字，精通每一个软件运用的秘书，却不能对老师、家长和学生产生同情心，那么他的能力就毫无价值。从美国优秀大学生全国性荣誉组织毕业的老师，却不愿与同年级组员合作、分享交流，对学校来说也是不利因素。

- 不能忍受他人的流言蜚语和含沙射影，尤其不能沉迷其中。当你听到老师、学生或家长言行粗鲁的传闻，礼貌地提醒他们学校的行为准则——ABC学校社区的成员相互之间一贯恭敬有礼。如果成年人在日常生活中无法以身作则，你就不能指望他能培养学生好的修养。当某人试图向你散播谣言的时候，为避免谣言扩散，要这样答复："我对流言蜚语不感兴趣。如果我想知道学校发生了什么，我会给校长打电话询问的。"作为校长，由你来定准则；你的行为就是标准，决定着学校成员行为的好坏。

- 如果确信你的员工或家长背着你散播谣言或兴风作浪，立即找到这个人，正如第二章所描述的那样，进行激烈的谈话。

- 注意自己的情绪健康问题。如果你开始失控，需要制定日程，每日进行训练，定时休息和吃午餐。如果发现自己易怒、反应激烈，不能以恰当的方式回应，需要寻求专业的帮助。

- 就如技工在引擎的曲柄箱中放下量油尺检查油量一样（或者用在电脑出现之前的做法一样），偶尔观察学校的状况。和家长、老师、学生交流想法。发放调查表，组织焦点小组。如果麻烦正在酝酿，不要最后一个才知道。

- 分享信息。百事通的员工更可能参与团队合作，不要对人们隐瞒重要的决定。

- 分享荣誉。员工共同合作，分享成就，组织才能获得活力和能量。

- 开展一些员工成长活动，关注团队建设、团队学习、冲突解决和其他一些主题，迫使个体考虑他们的个人行为是否影响学校的使命。

- 奖励诚实并透明。员工愿意将困难问题摆在明面上解决，以此营造信任的氛围，这样可以帮助缓解压力。

校园不健康时应采取的策略

读完这一章后，你觉得自己的学校可能不够健康，那么有几件事你可以并且应该做。不过要记住，你的学校整体是一个系统，不可能隔离或修补系统的一个部件，而不影响所有其他的部件。我的建议如下：

- 询问员工、家长和学生的问题所在。运用小组过程，比如辅导员指南中的力场分析法，发现具体问题，确认是何原因导致学校无法健康发展。

- 制定学校使命宣言。如果不知道使命，不可能完成。制定使命宣言可以使团队集中焦点，为其指引方向。

- 采取措施摆脱制造麻烦的员工。如果问题严重（不称职、学习效率低下），按照协商的合同条款，遵从法定程序辞退员工进行补救。如果难以明确问题的严重性，但是却麻烦不断，考虑强制性调离。转变经常可以令啜泣者振作，令有潜质的人大器晚成。

- 雇用顾问开展审查。人们通常面对局外人会更加坦诚，客观的专业人士也能在相对较短的时间内诊断出问题。令你花费的每一分钱都物超所值。

总结与展望

我们几乎完成了本书所有的学习目标：
- 探索为何许多家长生气的原因。
- 学习如何平息愤怒家长的情绪。
- 探索成功解决问题的一些方式。
- 营造责任意识强、善于交流的健康校园环境。

还有一个任务尚未完成——寻找能积极主动地说服家长与你并肩同行的方式。在第五章中，你会找到五十余种方式来达成这项目标。

第五章 积极主动的方式

——五十多种建立家长支持的方式

编织个人关系网络,以此加强团队合作。团体建设者认识到,作为人类,我们需要彼此回应的机会,重要的是要被感知并且被"视为"有价值的团体贡献者。

布朗和艾萨克斯(Brown and Isaacs)

本章包含多种多样的建议,可以积极主动地帮助与家长建立信任。享受这个过程就如同吃自助餐一般,浏览、浅浅地探究,最后记下你喜欢的部分,这样之后你还可以重新回味。这些建议过于简洁,可能无法为你提供你所需要的所有答案。简略浏览一下柯温出版社目录,寻找未删节版书目,里面包含了更详细的主题。拥有家长强有力的参与和支持好处良多,我在这里列出了以下几条:

- 家长和学校员工更为紧密地合作,使学生在校成绩更加出色。
- 如果之前合作过,即便在极度紧张、情绪化的碰面中,家长也会表现得更加支持,愿意假定校方并无过错。
- 双方信息共享、共同解决问题能使学校中的每个人(家长、老师、管理者和学生)从中获益。

开启五十多种建议

1. 共同决策

让家长参与到以网络为基础的决策小组中来。在许多老师和管理者对于邀请家长参与学校改进的热门讨论中，总是小心翼翼，但若能提供机会和支持，你不会感到后悔的。

通常，我们做一些影响家长团体的决定时，从不让家长参与。更有甚者，我们即便询问了也不会采纳。

2. 调查你的客户

每一学期，随机对七至十个家庭进行电话调查。指派陌生人做抽样调查，以避免出现抽样误差。一旦打通电话，询问以下三个问题：

（1）我们目前在ABC学校所做的事情对您是否有帮助，是否为您孩子的学习提供了支持？

（2）我们所做的什么事情干扰了教学效果需要被制止？

（3）有什么事情是我们尚未开展而应该开展的？

你可以自行措辞询问，但一定要问问题（2）。给参与的家长发送致谢函或明信片，与员工分享好消息，解决那些让家长抓狂的问题。

3. 表现足够的关心，送去最好的祝愿

设计一个带有吉祥物或学校建筑素描的致谢函，给那些时不时自愿参与班级活动的家长发送致谢函。一定要列出名单，确保自己不会

遗漏任何家长。家长之间会谈论校长给他们寄送的致谢函，那些自愿参加却没收到的家长会心存疑惑的。

4. 四处走动管理校园

会面家长时不断挥动你的雷达天线，询问他们的所思所想，他们的感受，孩子过得怎么样。你能察觉到微妙的变化，察觉到问题如滚雪球般越滚越大。如果你收听民间的家长网络，甚至还能接收到意料之外的赞美。在五金店或商场碰见家长不要躲避，随时让自己空闲下来，表现得平易近人。

5. 深谋远虑

在问题发生前，要学会预测。有关教育的新闻要了如指掌，做好自己的功课。如果你预见到了备受争议的问题，在家长担忧前制定策略和流程，你会看起来更干练、可信。

6. 关键的沟通者

一些有影响力的沟通者涉及学校问题时，通常都守口如瓶。如果你实施了新的方案，要向巴士司机、交通协管员、餐厅员工、秘书、维修人员解释一下。在校园中他们产生着重要影响，在杂货店、理发店、餐厅这些场所的闲聊中，家长和公众会对学校形成自己的看法，不论是好的还是坏的。

7. 事先警告

如果你打算在学校进行改革，哪怕是非常微小的事情，比如改变圆形交叉路口的车行方向，都要事先提醒家长。改变一些事项，比如午餐时间、成绩单、课程设置、体育资格规则、免疫接种要求或者学校公交时间，不事先提醒（有时候，即使提醒了）会让家长一片哗然。

8. 关键的决策制定工具

决策制定的关键工具就是时宜的会面。如果你没有确切的答案，就需要请求更多的时间来做调研，之后再安排另一次会面，这会让家长感觉到，决策并非在匆忙之中制定的。即便你没有令他们满意，也请认真考虑他们的付出，你可能会发现自己改变了主意。

9. 单亲父母

认识单亲家庭甚至祖父母的特殊需求。摒弃一贯传统"好"家庭的观念，让那些在更加"当代"的家庭成长的孩子受益。在社交活动和家长会面中，给予孩子关注，以便单亲父母更容易参与。如果面对面沟通难以实现，打电话或发邮件沟通。

10. 家长分离校方难做人

为离异家长提供所需通常意味着，你要脱离正常的轨迹，给家长提供双份的成绩单，安排各自的会面，然而夹在父母之间自己会左右为难。支持着孩子，确实是非常值得的。一些地区在家庭处于过渡期时，甚至愿意取消居住权规定。当然，那是地区政策的问题。

11. 多元文化的延伸

了解学生和家庭的文化背景，对建立强有力的校方—家长纽带尤为重要。对非口头交流暗示要保持敏锐的观察力，比如眼神接触、个人空间、身体触碰。寻求社区和宗教领袖的帮助，在你的学区架起文化或少数民族之间的桥梁。

12. 家访

如果受到预算和老师协议的限制，即便是低年级水平，也要安排时间家访。如果家访不可行，家长和老师可以在更加中立的地方会面，比如餐厅或家长的工作地点。

13. 好事传千里

在学校营造一种文化氛围，支持、鼓励甚至期待员工持续不断地通过家访，每周或定期时事通信以及积极的电话沟通与家长们接触。

14. 欢迎仪式

在每个秋季开学前，要求老师给每一位学生寄送欢迎信。这一简单却花费时间的举动，产生的好处会令你惊诧不已。

15. 浏览全部

在全校时事通信上发布由老师、学生和家长撰写或涵盖他们的文章。身为校长，你可以定期地贡献书信或专栏，而关注点应该总是积极向上的。每周，我在校区新闻报撰写问答专栏，这是回答家长和公众问题的一个绝佳工具。

16. 开派对

安排社交活动，让家长、教育工作者和学生以非正式的方式相处。活动参考可包括返校日活动，比如野餐和聚餐；民族庆典和歌舞；新生和家长欢迎会（比如幼儿园，初高中开学）。假日早餐、祖父母或其他家庭成员活动，也都是巩固家庭和学校之间纽带的绝佳机会。

17. 热情接待

让学校看起来欢迎任何人来访。挂上标识欢迎访客，并为他们指明通往办公室的道路。营造一种校园氛围，其中老师、学生和其他员工定期欢迎学校的访客，并询问他们是否需要帮助。如果家长的母语并非英语，要确保翻译时刻在场。展示学生的艺术作品和其他学习成果并进行交流学习，以此显示出学生在学校的学习正在进行当中。

18. 开放参观日

除了社交活动和非正式聚会外，定期安排开放参观日活动，对有关课程的重要信息进行沟通，展示学生工作。科学展览、美术展、青年作家会谈、音乐会，都给学生们提供了一次展现自我的机会。

19. 课程期望

当学生升入下一年级时，你期待他们想要了解什么？能做什么（幼儿园到十二年级）？你是否做到与家长好好沟通这些信息了呢？考虑一下出版小册子，阐明每一个年级或课程的要求和期望，让家长知晓学校的任务。

20. 读书给我听

在晚间"自习课"或家庭读故事时间，开放学校图书馆，鼓励家长为孩子或为自己借书。

21. 荣誉志愿者

许多家长自愿参与学校事务，作为答谢，为他们定做个性化T恤、午餐年会或者在校刊上致谢。

22. 教师培训

培训员工如何与家长沟通；如何与愤怒的家长打交道；如何回答家长有关孩子、课程和学校政策的问题。无知的老师在公共关系中随时引发灾难。不要想当然地认为在家长会面中，老师能老练圆滑地运用判断力和常识，所以为员工举办培训课程很有必要。

23. 夜班

安排家长会面或特殊活动时，要注意双职工家庭和家长独特的工作需要。每年的音乐会在下午和晚间轮流交替举办，让每个人都有机会参加一次，家长会面也要安排在晚上。

24. 学校商业伙伴

与当地企业建立合作伙伴关系。我们学校与国际种子公司合作，该公司的总部就在我们的校区。到了特定的年级，每年都会开展实地考察，学生就有机会参观家长的工作环境。该公司的员工还和我们的老师合作，开发研究园艺项目。

25. 给家长打电话

要在教室安装电话，这样老师能够很容易地给家长致电，家长也能联系上他们。一定要安装语音信箱，这样上课时来电，就不会打扰到课堂教学。许多行业的专业人士都有自己的电话专线，给老师提供这样的便利，可避免遗漏消息，令秘书束手无措。

26. 你要有邮箱

学校官网上一定要有能够找到老师邮箱地址的界面，这样一点就能进入。不是所有人都会选择以这种方式沟通，但是要给他们提供这样的选择。

27. 24小时政策

如果可能的话，24小时之内回复家长打给学校员工的所有电话。家长得不到回复，他们的焦虑会与日俱增，去想最坏的事情。即使你还没有找到问题的明确答复，或者没有得到他们想要的消息，也要让他们知道你接到了电话，并且正在解决他们的问题。

28. 课程管理工具

安装家庭作业热线，这样学生和家长可以确认作业的安排。同样的，系统可以确认缺席状况，还包括活动日历，监督老师安排的作业和项目委派。家庭作业系统需要昂贵的材质和复杂的电动工具，歧视了那些没有资源、时间，无法安装精细的泡沫塑料模型的，或者撰写伟大的美国小说的家长。这一项目的确引人注目，但是做作业的真正目的是什么呢？

29. 键盘雀跃

收集捐献的二手电脑，在周假期或月假期间，确保校区家庭可以使用。学生在学校受到的培训，可以在家中提供所需的支持。

30. 家庭共同学习

以家庭为单位，安排数学和科学晚间活动，这样家长和学生都能参与，亲身实践。对于向家长介绍新的课程或方法论，为家庭建立"美好时光"来说，这是绝佳的方式。年龄特别小的孩子，一定要特殊照顾。

31. 学校社区伙伴关系

开展一些活动，比如远离毒品学校活动、社区帮扶服务、邻里监督组织以及其他一些预防犯罪的活动，给教育者、家长、社区公务员（警察、消防队员、市政府）提供一次共同合作的绝佳机会。

32. 家长学习

建立家长学习工作坊（比如，如何帮助孩子成为更好的读者，或者如何在家中制定纪律大纲）。寻求学校心理师、行为管理专家、社会工作者和其他人的帮助，来开展培训。最好可以利用空闲的教室，为家长讲授美国普通同等学历课程、非母语英语课程、计算机课程。

33. 职业体验日

邀请家长来班里谈论一下他们的职业。鼓励他们穿上班服，带工作证。另外一种能够让家长（和其他）来学校参与的机会，就是让他们在班里大声朗读自己最喜欢的故事。

34. 提供各种资料

为家长提供母语出版的重要资料。只要可能，成绩单、手册、会议通知、特殊的教育文件都应该出版成各种语言，以供学生家长阅读。

35. 与我交谈

学生参与的重要会议以及全校范围的大会要配备翻译，比如家庭教师协会或者家庭学校委员会。

36. 有线连接

利用当地有线电视台和家长沟通。一位我认识的校长，每月在《炉边谈话》和另外一个节目中，定期大声朗读故事。播放音乐会和学校活动，能让那些无法参加活动的家长同样乐享其中。

37. 拿出实际行动

如果资金允许，雇用一位家长联络员或者家庭学校协调人。他们可以家访，开设家长教育课程，在社区创造良好的信誉。

38. 计算机普及教育

在学校机房，为家长、学生小组开展计算机课程。雇用员工来教授此课程。

39. 开设语言课

如果学校里有说其他语言的，那么就应该开设语言课，让更多的员工能够和家长沟通。达到外语流利的目的需要花费很多时间，但是交谈中家长会注意到员工最微小的手势，从而心生感激。

40. 基础雄厚

成立教育基金，寻求家长和社区成员的帮助募集项目资金，比如教师移民、夏季学生强化课程奖学金以及技术中心。

41. 成绩问题

每年召开会议，和家长探讨、解释学生成绩的问题。邀请当地学院或大学代表到你的高中，谈论录取要求和成绩的作用。或者邀请测试公司的代表，与迫切想要了解更多数据细节解释的家长沟通。

42. 多多沟通

定期安排家长会面，讨论学生的成绩，制定未来的学习目标（每年两次为佳）。

43. 空闲的车位

为来访问、自愿参与或者会面的家长提供特殊的停车位。没有比家长要把车停在离学校几公里远，或者担心被开罚单，更让人沮丧的了。

44. 随时征求意见

成立咨询委员会，洞悉学校发生的一切，对校区的各种建议和问题做出反馈。训练有素的咨询委员会成员，能使沟通顺畅，协助击垮流言蜚语和不实传闻。

45. 如何处理问题

出版一本小册子，名字叫《如果在学校遇到问题该如何处理？》（*what to do if you have a problem at school*），让家长了解特定问题的解决流程以及学校能协助的诸多方面。

46. 未雨绸缪

每年都出版一份学校活动日程，内容包括一年中所有的重要活动（运动会、音乐会、筹款活动、考试阅卷的开始和结束时间等）。当你首次请求员工（家长代表）提前安排一年的日程时，他们会啧有烦言，但是日程的发布能帮助家长更好地提前规划。没有任何事比最后一分钟计划变更或者通知活动泡汤了，更让家长抓狂的了。

47. 校规

出版一本学校手册，所有的规章制度、纪律以及家长和学生在学校"生存"所需的信息都包含在内。可能不会所有人都去读这本手册，但至少你给他们提供了去了解的机会。

48. 与我沟通

培养一种沟通文化，当学生出现问题时，老师要有与家长立即沟通的意识。教育者有责任让家长立即知晓，不交作业、翘课等不合时宜的行为。

49. 雇用家长

如果有机会在学校雇用家长，他们也有你所需的资质，那就不要犹豫直接雇用吧。你需要为他们提供培训，要明确指出他们的责任重大，需格外谨慎。忠诚的家长雇员，在他们孩子的学校里工作，要比其他人努力百倍。

50. 志愿者大军

在学校组织各种类型的志愿活动。不要假定初中或高中学生的家长就不参加志愿活动。你可能不会有在小学中那么多的志愿者，但是你是否询问过呢？

51. 提问题

抓住每一次与家长交谈的机会谈论他们的孩子。他们有你需要的信息，能帮助你更好地教育他们的孩子。当家长说话时，仔细聆听。

52. 接触他人

自动电话机功能多样，我很清楚它的广泛普及率。然而，当家长给学校致电时（并非给老师的语音信箱留言），他们通常是希望与某个人交谈。一定要确保无论是谁接听电话，都是受过专业训练、能给家长留下积极印象的人。这个人应该十分清楚学校的特殊活动安排，即将举办的实地考察活动，并且了解主要人士的去向（管理者、校医、心理咨询师等）。家长给你这位校长留言，知道你什么时候出城的，可能有一段时间收不到消息，会对他们大有帮助。如果语音留言无可避免，那就要求员工随着他们的日程更改回复消息。我发现这非常有用，可以知道某个人是不是在办公室，如果没有，就可以知道他什么时候回来，如果需要立即与人面对面的沟通，我可以找到谁。

53. 一起做志愿者

安排一些学校活动，比如扫除日、游乐园，或者在运动会摆设特许摊位，让老师和家长组队一起工作。没有比艰苦的劳动更能牢固友谊纽带的了。

54. 名字

记住学生和家长的名字，越多越好。在你记住所有学生的名字后，学着记住他们每一个人的独特之处。遇见家长时，赞美一两句。让家长脸上呈现笑容，没有什么比传递孩子的好消息更快的方式了。

55. 告诉我你在想什么

基本已经接近尾声，我想在建议2中做一些改动，作为收尾：发放一份开放式的调查问卷给家长，用这三个问题，来探究你的校区成员究竟在想什么：

（1）我们正在做的什么事情应该持续做下去？

（2）我们正在做的什么事情不应该再做下去？

（3）哪些事情我们应该开始做，而现在没有做？

总结与展望

如果你觉得这五十多条建议难以消化,那就只选出你觉得有望改善学校社区关系的五条。在下一次员工或家长教师协会会议上拿出来探讨。请求与会者按照他们认为的重要程度将之排序,并确认一条来实施。一定要仔细聆听他们的讨论,来确定是否还有除了这几条之外的其他方面,需要给予及时的关注。

上述的结论总结了本书十个目标的"大思想"。它们提醒了人们与家长,特别是那些来到你的办公室分享焦虑和问题的家长,建立积极关系的重要性,人们需给予更多的关注。

结 论

我知道你每天应接不暇，诸多工作占据着你的注意力，力图努力做好学校的管理者角色。但是我认为，在本章结论中所描述的十个目标，比你每日的计划安排更加重要。你或许认为当前的重中之重应该是提高学校的整体成绩，但是请听我的建议，如果你不让校区的所有家长参与其中——特别是那些易怒、不安、神经紧张、易狂躁的家长，与你并肩作战，那么你实施的"一个也不能落下"的所有改善学校的计划，终归会一败涂地。

很可能相当一部分家长，他们的孩子在学校并不出色。你需要他们无条件地支持，来帮助孩子赶上年级水平。有相当多的家长，他们的孩子很棒，但令人惊讶的是，他们在学校的言行和成绩并不能达到父母的预期。因此，家长就考虑家庭教育模式、选择私立学校，或者选择特许学校。如果你的学校成为他们的候选，那么你就需要找到困扰他们的根源，尽力解决它。大批学生离开你的学区，就意味着你需要另谋高就了。在未来几周里，以下十个目标需要特别关注。

1. 满足家长所需

看到第一个目标：满足家长所需，你肯定会有为难情绪，畏缩不前，你可能认为我疯了。但是，请考虑一下家长的真正所需：

- 具有指导性的领导力。
- 对孩子有影响力的老师。
- 学生成绩。
- 沟通。
- 安全保障和纪律。
- 参与度。

如果满足了家长的所需，作为一个备受赞誉的校长，每天你都仿佛在阳光灿烂的早晨醒来。家长渴望"自主的指导性领导，他机智聪慧、知识渊博，有关以研究型为基础的课程、教育和学习都了如指掌，可以激发并且有利于自身、学生、老师和家长的心智成长和开发"。

家长渴望具有影响力的老师——个人特质突显特性，教学特点突出，提高成绩显著，知识层面的特质就是展现渊博的知识、强大的好奇心和感知力。

家长希望孩子在学校学习，有所长进。一些家长期望孩子能上重点大学，但是大多数家长仅仅希望，孩子在这一年的所学所做比去年有所提高就可以了。家长希望孩子学习阅读、写作和计算机操作，对历史和科学有所掌握，如果幸运的话，还可以学一门外语。经过数年的学习，学生从高中毕业拿到毕业文凭，却无牢固的知识储备，那么家长的忧虑完全可以理解。

家长渴望沟通——并非仅仅是时事通信，不断重复的令人厌倦的消息、陈词滥调和告诫——而是真正的沟通，具体讲述孩子的所作所为，告诉他们学校的境况，提供实用、合理的方式，使他们能在家中帮助自己的孩子。

家长希望、渴望而且要求孩子所在的学校必须有高度的安全性和纪律性。校长和老师如果不能时常确保在学校的操场、走廊和教室里的孩子身体和情绪上的安全，那么家长永远不能完全信任他们。教育者没能力携手合作，创造一个温暖、怡人、安全的校区环境，会令家长心存疑虑。

最后一条，家长希望参与其中。他们所需要的参与，远远超过扮演募捐者和拥护俱乐部的角色。他们所要的那种参与，能确保他们的声音被聆听，所需被考虑，其重要性被重视，即便他们偶尔犯了错误、生气和发脾气，也能始终参与其中。

如果你给予了家长这六种无形资产，他们会在学校董事会企图关闭学校的时候，站出来集体抗议，会在学校董事会会议上，为你的加薪游说，也会偶尔沉迷在你青春的幻想中。当我宣布会卸任校长的职位，到中央办公室就职，我的家长组织为了给我庆祝，计划了一场盛大的游行。在一次非正式的家庭教师协会会议中，我一定是和某个人吐露了自己的心愿，我一直希望能坐一次敞篷车，就像返校皇后那样，因为我从来没有过那样的经历。这场出乎意料的庆祝，我完全毫无准备，家庭教师协会的主席送给我一顶飘动长带的头饰和一支魔法棒，挥舞着要送给我的那些物品，然后魔法棒指向了体育馆的大门，那里停着一辆崭新的敞篷车，是当地的代理商临时捐献的。全体学生都涌进操场，然后我爬到敞篷车里坐了一个小时，我们来来回回绕着街区兴高采烈地游行了好几圈。我必须承认，在此之后情形每况愈下了，中央办公室相对就相形见绌了。

2. 不要回应，要有积极主动的前瞻性

你肯定已经阅读或粗略地浏览了第五章与家长保持积极主动的50多种方式。你可能也想到了更多的方式，将它们增加进来。你采取越

具有积极意义的方式,与家长建立积极的关系,愤怒家长造访办公室的数量就越少。

3. 建立关系

每次只和一位家长建立关系。有以下一些做法可选:

- 确定家长的兴趣和长处。备受赞誉的前任校长托德·怀特注意到家长会期间,一辆油漆匠的卡车停在了校门口,便立即出去寻找车主。托德做了自我介绍,并且与卡车车主谈论起,如何处理那扇严重掉漆的校门。当然,你已经猜到后续的故事了。

- 给家长提前预警。学校发生的人和事都关乎家长的利益。不要错误地认为,不事先告知家长你的计划,能在事后得到他们的原谅。这招只对主管才有效。如果你雇用了新员工,刷新走廊,或者重新规划圆形交叉路口,家长都希望被通知到。

4. 趋向教学

作为校长,你最重要的责任便是帮助老师,使其工作变得更为高效。每次与老师开放日会议上的一项日程,就是提醒他们针对家长你所给予他们的期望。以下是一些我一直对新员工寄予的希望,我也经常对老员工重申:

- 不需要惊喜。任何与家长沟通存在的问题,不论是新的还是老的,都要告知于我。我要知晓可能的问题,以便我能给你提供所需的支持。

- 只有随时准备为你不恰当的言行和考虑不周的决定道歉,我才会全力支持你:用卷起的报纸敲打学生的头,即使是开玩笑也不行;没有通知办公室或发送家庭许可通知,就自发地组织步行实地考察;

结论 113

或者播放R级电影，即使你关掉了视频，快进跳过了一些你所认为的R级镜头。

- 我不能容忍家长抱怨孩子不学习或言行不当。你可能时不时有这种感觉，但请不要在学校里说这样的话："如果家长能……就好了。"在教育界多年，我开始相信，如果家长能的话，他们会做。他们想做，但无从下手。他们希望做，但是认为自己不够格。

- 我希望你的大门随时为家长敞开，我期望你的办公室能专门为家长准备两张成人尺寸的座椅。家长无须安排特殊的预约，就能参观你的班级。他们只需顺便拜访，现身之后遵循我们共同制定的规则。

- 不要为失败的沟通找理由。不要等到期中才告诉家长孩子的成绩问题。不要等有坏消息的时候才给家长打电话。有好消息就要打电话，或者打电话来个积极的自我介绍。

- 不要为学生无法独立完成作业找任何理由。不要发送作业，除非你实行的是"我这样做，我们做，你做它，应用它"的教学顺序。

5. 不要把球打进七个沙坑障碍

可能你不打高尔夫，甚至不在电视上看高尔夫锦标赛。如果是这样的话，让我来解释一下什么是沙坑障碍。它是高尔夫球场上的一个固定点，它的设计就是让游戏更具挑战性。沙坑减缓你的游戏进度，降低你成为赢家的可能，为发挥更有效地动作耗尽你的体力。以下所列的七种沙坑，在与愤怒的家长打交道中会降低你的效率。要不惜任何代价避开它们：

- 陷入说话太多或太快的陷阱。
- 陷入打断或不倾听的陷阱。

- 陷入对火冒三丈的家长生气的陷阱。
- 陷入应该道歉时却拒绝道歉的陷阱。
- 陷入使用过多术语和夸夸其谈的陷阱。
- 陷入被卷进权力斗争中的陷阱。
- 陷入改变规则或者适应环境运用规则，即便使愤怒的家长得偿所愿的陷阱。

6. 提高自我修养

如果你想成为家长会这样评价的校长，"你可以随时找他解决问题""她随时留心孩子们的状况""他正直坦白""你可以信任她"，你就必须学会管理自己的情绪、言行和态度。你必须清楚自己的"敏感点"在哪里，并且努力隐藏，确保永远没人会发现。

7. 组建配合度高的团队

当所有员工组成团队合作时，愤怒的家长要远比想象中少得多。如果秘书、老师、保育人员、巴士司机、管理员和餐厅员工，都清楚校园文化对他们的要求，知道如何对待家长和学生，那么你的生活会称心如意、得心应手。当然，也许会布满荆棘，但是比每个人在任何条件下都一意孤行要强太多。

8. 不要让家长抓狂

根据我多年在新闻报纸专栏写稿和上电台谈话节目的经验看，我很确定在一些学校，每个人都会想尽办法让家长抓狂。他们似乎特别擅长做以下这些事：

- 不回电话。
- 告诉家长相信他们，之后滥用这种信任。
- 保护员工的不恰当言行而闪烁其词。
- 抱以成见地对待家长。
- 言行傲慢。
- 使用教育专业术语来混淆简单的问题。
- 保护不称职的员工。
- 对家长说谎。

9. 坦白真相

作为教育者，我们有义务帮助家长做得更好，帮助不成功的孩子进步。通常这就意味着要对抗困境，告诉家长除非我们做出改变，否则他们的孩子在今后将会面临严重的问题。这向来不容易，但是你永远不想听到家长说："你为什么不早点告诉我？"也不想听到这样的回答："你记得在马特上幼儿园时，我们就见面聊过他的脾气和他的反抗行为可能造成的后果吗？"

10. 及时解决小问题，避免将之扩大化

无外界干涉而自行解决大问题的情况鲜有发生。把脑袋埋在沙子里，就像众所周知的鸵鸟一样，只会为灾难的爆发添油加醋。期盼着实施操场暴力的学生能奇迹般地认识到自己的错误，简直是痴人说梦。女卫生间的吸烟现象不会自行消失，只会助长胡乱涂鸦现象的发

生。在学校，让小问题变成大问题前解决它至关重要。通常，小问题如果被忽略，可能会见报，上诉讼法庭，校园门口布起警戒线，或者让你丢掉饭碗。

如果你是那种喜欢制作布告栏和每日计划清单的人，图表5.1就清晰地展示了十个目标。如果图片能像帮助我一样有效地帮助你，你会对每一项目标都有一个清楚、具体的图像。

表5.1

十个目标

满足家长所需

不要回应，要有积极主动的前瞻性

建立关系

趋向学习

不要把球打进七个沙坑障碍里

提高自我修养

组建配合度高的团队

不要让家长抓狂

坦白真相

及时解决小问题，避免将之扩大化

感谢您阅读《教师：如何与问题家长相处》（第二版）这本书。我希望如今你在应对难搞的家长时，能更加自信满满。与家长建立联系，帮助孩子心智、社交和学习的成长，不仅仅是我们的职位描述。它是作为具有指导性的领导所从事的一项最丰富的工作。我最喜欢的一项研究题目为"孩子无法从不喜欢的老师那里学到东西（Kids Can't Learn from Teachers They Don't Like）"。一项推论研究也有力地验证了这一假设："家长和校长相处不佳时，孩子无法学到东西（Kids Can't Learn When Their Parents and the Principal Don't Get Along）"。

辅导者指南

适用对象

《教师：如何与问题家长相处》（第二版）辅导者指南，适用于以下个体和群体：

• 大学和学院里教授学校社区关系课程的教师，他们希望帮助未来的校长，克服与家长积极互动中所面临的困难。

• 学习小组领导希望促进讨论，加深校长们的反思，旨在改善家长和学校的关系。

• 校长个人希望在与家长打交道中，提升个人效能。

• 校长个人将自学活动作为个人目标设定或评估程序的一部分。

• 与家长互动中，导师、教练给予校长建议和鼓励。

该指南中的所有练习和活动着重考虑从业校长的需求，辅导者与胸怀大志的校长或班主任共同协作，开展一系列活动，运用以下其中一种方式，来满足他们的特定需求：

• 使练习和活动适用于家长与社区之间所面临的挑战，这些挑战对于特殊的工作角色（比如班主任、媒体专家、心理学家）来说独一无二。

- 鼓励参与者检查和评估当前管理者与家长打交道和互动中所使用的方式。
- 建议参与者自行想象作为管理者的职责，担任校长一职前做好准备，假设在特定情况下可能需要采取的行动。

指南的组织形式

该指南包含七个指导模块，每一个模块包含以下内容：

（1）模块简介以及令参与者加入团体互动的推进器。

（2）个人有声思维法聚焦重点，并且有助于组内交流分享活动。

（3）深入探索问题的小组流程活动。

（4）为参与者提供机会进行角色扮演，观察和反思应对愤怒的家长所运用的不同方式。

（5）设定一系列问题鼓励团体参与者相互对话。

（6）参与者用日志记录课外行动目标或反思作业。

（7）安排本书的阅读作业。

选择或变更某些练习和活动，使之满足团体的需求，确保时间充裕，符合个人的辅助风格。根据团体的规模和经验水平，某些练习和讨论，可能需要召开多次会议方能完成。

所需材料

辅助者所需材料

《教师：如何与问题家长相处》（第二版）副本

参与者的胸牌

图表纸和书签

图钉、胶带、黏性的图表纸

播放幻灯片的高射投影仪

角色扮演环节所使用的计时器

为参与者准备表格、图表副本、陈列品，在每一模块开始后做记录。

各式各样的材料筹备多种练习，在每一模块开始后需记录。

参与者所需材料

《教师：如何与问题家长相处》（第二版）副本

参与者的反思作业和课堂笔记的期刊合订本

学习模块

模块1：简介

材料

  参与者自行粘贴背面带有黏性的胸牌
  白板笔
  参与者每人携带个人有声思维方法副本
  不同颜色的六顶帽子（随机可选）

首次会议前需完成的作业

  首次开会前，参与者需阅读完本书序的部分。

推进器：两个真相和一个谎言

  在两个真相和一个谎言环节，个体阐述自己的两个真实情况和一个与事实不符的假象。所有的阐述都必须与家长和校长的关系以及互动相关联，然后由团体的其他成员来确定哪一阐述不真实。

  该活动要求参与者写下三次自己与家长互动以及相关的经历，其中只有两个是真实情况。当所有人完成这一项任务后，建议大家自愿读出自己的阐述，让团体其他成员辨别出不真实的那一条。如果组员数量庞大，则分成若干小组开展活动。"游戏"的目的是要用两个耸人听闻的真相和一个合情合理、司空见惯的假象来混淆视听。比如我可能用这三种陈述来介绍自己：我曾在一次情绪激昂的家长会面中，装扮成大黄蜂形象；我永远不会和难以沟通的家长见面；我曾经在女儿学校的校长办公室大发雷霆。其中一个难以置信的事实，如果读过本书的序部分，你可能已经了解，"我曾在一次情绪激昂的家长会面中，装扮成大黄蜂形象"。我也万分羞愧地承认，自己曾经在校长办公室一时失控。

家庭教师协会

个人有声思维法1：
与愤怒的家长打交道

请形象地描述让你愁肠百结的一次与愤怒家长的会面，并解释原因。	
与愤怒的家长打交道时，你面临的最大挑战是什么？	
与他们打交道时，什么样的策略你认为最有效？	
关于与他们打交道，你最想知道什么？	

学习模块　123

个人有声思维法1：

> 与愤怒的家长打交道

每一模块都需要个人有声思维法。小组成员完成有声思维后，与另外一位完成的组员结对，两人可以立即相互分享所见所闻。开展有声思维部分环节时，如果在房间外摆放一圈桌椅，在一组成员完成后可以迅速离开，不再打扰其他尚未完成的组员，效果会更加显著。组队有声思维成效显著，能确保所有组员在讨论的环境下思考问题，同时每人都有机会就特定的问题分享交流心得。提醒组员参与的重要性，注意倾听搭档的发言，不要中途打断或思考自己接下来的发言。同时，每个问题的交流心得，要求每位参与者都要记录下来。

流程活动：六顶思考帽

该活动参考爱德华·德波诺（Edward DeBono）的《六顶思考帽》（*Six Thinking Hats*）一书。德波诺提出用六顶不同颜色的帽子，代表六种思考模式或问题解决方式，帮助读者理解领会同组中不同思考模式成员的意愿。在与愤怒的家长打交道中，思考帽子方式可以帮助参与者理解，烦恼的家长在解决困扰他们的问题时所采取的多种方式。当我和小组进行这一活动时，我会听取德波诺的建议携带六顶不同颜色的帽子，但是这非常随机，因为如果你没有多顶不同颜色的帽子可供挑选，找到合适的帽子可能要消耗时间和金钱。

该活动的首要目的就是要参与者了解六种思考帽的主要属性，并且确定在思考和解决问题时，自己最经常"佩戴"的帽子颜色。之后通过角色扮演，要求参与者"佩戴"其他颜色的帽子，使其换位思考，理解其他成员在解决问题时的思考模式。购买或借阅一本德波诺的书，不仅仅是为了练习所用，在未来的团队建设练习中也非常实用。

以下列出六种思考模式，并简要描述在问题解决情境下，一些愤怒的家长"佩戴"这些帽子时的反应以及校长佩戴其他颜色的帽子时，可能出现的反应：

- 具备白色帽子思考者属性的个体，依赖事实和数据做决定。"佩戴"白色帽子的愤怒家长，会携带研究成果、打印文件，在听取专家的建议后，造访校长办公室，以此来支持他们对待问题的看法，指出校长（或中央办公室的管理者）的误导。佩戴白色帽子的家长对证据的重要性有十足的把握，确信它能说服逻辑思维清晰的人，在会议结束前，校长必定会认同他们的看法。除非，校长是具备红色帽子属性的个体。

- 红色帽子思考者感性地看待世界。愤怒的家长和其他佩戴"红色帽子"的个体，凭借自身的直觉和本能做判断和下结论。在学校问题上所抱有的情绪和问题如何解决，对他们来说至关重要。在他们看来，校长的职责是让其身心更加愉悦，对于问题发生的缘由抱有很大的主观意识，倾向于事实和数据。佩戴白色帽子的校长，难以取悦红色帽子的家长。他们对自己的感受了如指掌！

- 佩戴"黑色帽子"的个体通常思维缜密、小心谨慎。他们会权衡利弊，不会急于下结论，担心出现错误。如果决定用调整后的方案来解决这个问题，他们又会反过来挑刺儿，指出所有的方案都存在问题。佩戴红色帽子的校长在关键时刻靠直觉解决问题，这会让佩戴黑色帽子的家长在办公室里暴跳如雷。

- 佩戴"黄色帽子"的家长积极乐观，他们几乎不会"生气"或

"心浮气躁"。那是因为当他们有问题时，会积极地提出解决方案，并且随时准备实施。这种类型的人令人佩服，但他们无限的精力、不断进取的渴望会让校长抓狂。佩戴黄色帽子的家长存在的最大问题就是需要评估和跟进。在一个项目未完成前，他们早已将注意力转移到新的事物上了。

- 佩戴黄色帽子的家长一定会和佩戴绿色帽子的个体结队，这类人不关心想法是否可行，只要具有创造力，新想法层出不穷便可。白色帽子和黑色帽子的校长会令黄色帽子和绿色帽子的家长灰心丧气，因为这些家长会想出六种不同的方案来解决问题，跃跃欲试准备实施，然而此时黑色帽子的校长仍旧会停在原地企图收集更多的资料，列举诸多不可行的理由。

- 佩戴蓝色帽子的思考者能从容不迫地佩戴所有不同类型的帽子，随时提出不同的方法来定义问题、总结和下结论。最高效的校长通常都会佩戴蓝色帽子。理想的家庭教师协会就是蓝色帽子思考者——该个体可以和形形色色的人打交道，运用他们独特的思维方式以及超强的天赋和才能，最终圆满完成工作。佩戴蓝色帽子的愤怒家长除非和你在同一战线上，否则极具危险性。当他们惶惶不安时，会开展极富成效的校董事会竞选活动，使自己顺利当选，从而在幕后操纵这一切。

开展一次角色扮演活动，给参与者设置一个场景（比如孩子的老师能力欠佳，安排家长与校长见面），要求参与者一人扮演焦虑的家长，佩戴一顶帽子，另一人扮演校长，佩戴另一种颜色的帽子。另一项练习就是呈现一种场景，按你的要求给每个人分配不同颜色的帽子。举例来说，如果佩戴黑色帽子的家长参加一次特殊的教育职工大会，讨论一下可能会发生的事情。询问参与者在这样的大会上需要应用哪些策略。在随后的模块中，你经历了这样的角色扮演场景后，可能会发现参与者会参考帽子的颜色，用帽子暗喻他们自己的风格和家长的风格。

对话问题

提醒参与者，对话与以往的讨论不同。对话的目的并非要达成决议、妥协，而是要更加深入地了解概念和思想。在对话中，倾听是参与的一部分，所有参与者需要仔细地聆听，避免私下讨论。

（1）你是否认同作者为本书选的书名？为什么？有没有你更偏好的书名？

（2）有没有其他类型的难搞家长可以增加进来？说说你的理由。

（3）如果你相信家长真的有可能改变他们的言行和态度，请举一两个实例来证明。

（4）安排阅读作业，为下一次会议做准备，在第一章中，作者列出了为何家长对教育工作者生气的所有理由。为什么有如此多的焦虑家长频繁造访，你认为哪个是最主要的原因？

（5）同意还是反对：应对焦虑家长的最好办法就是忽视他们，直到他们的情绪平复下来。要据理力争。

（6）作者认为高效这个词在形容校长时，是指"通过一系列的行为和态度达到预期的结果"。作为校长你想要达到什么样的效果？你和家长的关系对达到你的预期是起促进还是阻碍作用？

角色扮演场景

接下来，参与者在这一模块中要参与的一个活动就是角色扮演。

该练习可以让参与者运用表演技巧（如果他们愿意的话），观察其他人在面对十分情绪化的家长时，所采取的不同应对措施。

（1）分成5个小组，一组3至5人。

（2）要求每组集思广益，想出可能发生的场景，然后选择其中一个按顺序重新演绎。每组都会有一些成员倾向于扮演"主角"——愤怒的家长和能干的管理者。根据小组创造的场景，可能还会有一些小配角，比如学生、配偶、阿姨（有亲人的陪伴可以给予精神上的支持）、员工、家长聘请的律师。但是要提醒组员，重点应该放在愤怒的家长以及校长如何应对他们这一点之上。

（3）每小组应有一名成员担任旁白，描述故事的情节，介绍背景、人物，为观众搭建观看舞台。

（4）第一次开会时，留出时间让每组人员设计场景、分配角色。提醒他们要即兴表演，不需要长时间彩排或准备小道具。要求参与者在每次会议剩下的时间内开始角色扮演。每一场景不超过3分钟。

（5）每次表演结束后，要求组员提问题。通过观察询问，在随后的模块中，针对角色扮演环节进一步提出建议。

为下一次会议布置阅读作业

阅读第一章。在会议开始前，每一模块都要求提前阅读一章的内容。除了最后一次会议，布置的作业是阅读"结论"一章。

行动目标：布置反思作业

要求参与者课后反思，在接下来一周与家长和老师的会面中运用德博诺的思考帽子模式。要求他们记录下来,这种模式如何改变了他们与家长或老师共事的方式。

模块2:第一章 为什么有如此多易怒、不安、神经紧张、易狂躁的家长

准备材料

在流程活动中,准备3cm×5cm大小的卡片,写下不同类型的愤怒家长

为参与者准备个人有声思维法2副本

家庭教师协会

个人有声思维法2:
何时情形反转

最近在与客户服务代表面对面或电话的沟通中,列出三种令你"大为恼火"的行为或态度。 详细地描述你的感受和生理反应。 哪种行为和态度会让你感觉更满意、更积极向上? 在这样的经历中,哪些经验可以被借鉴用来应对愤怒的家长?	

推进器：我为何要相信你？

要求参与者想出一位可以完全值得信任的人，这个人可以是参与者专业领域的同事或个人亲属，要求在日志上写下这个人的名字，然后列出他值得信任的三种性格特质。对每个人的特质展开民意调查，并整理成图表形式。之后要求参与者在校园环境中，提出特定的、可以在家长心目中产生信任感的行为和态度。

个人有声思维法2：

情形反转

有声思维法指导参与者，在假定身为消费者的场景下，回想个人被消费者服务代表误解和虐待的经历。要针对调查参与者的情绪和生理反应提出问题，确定他们渴望被对待的方式。不要抨击问题，花一些时间在每人完成有声思维后，从练习中概括总结应对愤怒家长的一些有效措施。

流程活动：即兴演讲

该活动是一种名叫"穿其他人的鹿皮软鞋行走一公里"练习的演变形式。该游戏要求两个对立的小组，双方无法达成有效的沟通，要求相互倾听，之后改述对方的观点。在此改编的版本中，参与者"设身处地"为某种特定类型的家长人群着想，该类型家长的特质被写在 3cm×5cm 的卡片上交给他们。搭档阐述校长的观点和看法。用第一章结尾离异父母和前任校长之间的沟通举例。首先，离异的父母表示学校未能做到分内之事。之后，校长表示离异父母也未能做到分内之事。要求每人想出相似的反复沟通模式，表达双方对立的看法。

（1）在团队中，每两人一组，给每组分发家长卡片和对应的校长卡片。

（2）给组员一些时间，让他们思考人物角色，之后要求每人分享个人的生活情况以及希望被对待的方式。每组都先从家长开始阐述观点，之后再由校长阐述。为了使练习看起来更真实，如果组员乐意分享，建议他们扮演曾经遇到过的家长角色。比如，一位组员孩子的班级中有一位不称职的老师，那么就请他来扮演这个老师的角色。

（3）列出一些供参考的角色配对，但是组员可以根据学校的情况创造其他相关的角色：离异父亲或母亲以及校长；行为障碍的学生家长以及校长；不称职老师的孩子家长以及校长；被欺凌的孩子家长以及校长；被歧视的有色人种家长以及校长；母语非英语的家长以及校长。

角色扮演　场景1

作为辅导者，你可以以多种形式组织角色扮演并展开团体观察。例如，角色扮演开始之前，要求组员关注一种特定的策略，比如"倾听"或"参与"。或者在没有特殊的关注情况下开展角色扮演，之后提出在此之中显露出来的具体问题。这由你决定，记住时间设定在三分钟之内。总会有一两组的表现尤为突出，获得百老汇的赏识；你需要限制他们的时间，以求公平，之后再回顾总结。

（1）首先，测试扮演"校长"的组员：你觉得自己与愤怒的人互动顺利吗？如果重新演绎这一场景，你会有哪些不同的表现？你是否特别努力想运用好某些策略？在这样的互动中，你有什么样的感受和生理反应？

（2）之后测试扮演家长角色的组员。"校长"的策略是否有效？校长是否被激怒或贬低了你？

（3）最后，要求组员进行反馈：对于"校长"的行为，你在生理上和心理上分别有什么感觉？你认为哪些特别有效？下次"校长"可以怎么改进使工作更高效？

对话问题

（1）今天学校管理者面临的最大问题是要关注学校的选择以及创建校园文化的重要性，它是家长为孩子做出选择的重要依据。对于这个问题你个人有什么看法？在你的社区，你曾经有过哪些经历？

（2）你觉得作者列出的愤怒家长的数量和类型是否有重复？

（3）针对愤怒的家长，你要给新上任的管理者什么样的建议？

（4）家长向你提出的最常见的要求是什么？你怎么应对他们？

布置下周的阅读作业

阅读第二章

行动目标：布置反思作业

运用第二章介绍的苏珊·斯科特的六步，组织60秒的激烈对话，对抗行为不当的家长。要求组员在下一次会议的推进器环节准备好和搭档的"对话"。

模块3：第二章　平息失控家长的怒火

准备材料

为参与者准备个人有声思维法3副本

家庭教师协会

个人有声思维法3：
回应反思

第二章所描述的回应行为，你觉得哪种实施起来最困难？	
详细描述面对此困难你所遇到的问题。	
在回应方面你采取了哪些措施来提高你的能力？	
你觉得是什么妨碍了你在做出回应方面进行改进？	

推进器：60秒激烈的对话

两人配对，轮流和你的搭档进行60秒的激烈对话，听取整个团组的情况报告。询问成员是否以针对真正目标家长的方式充分利用了60秒的激烈对话，且结果如何。

学习模块　133

个人有声思维法3：回应反思

如果需要的话，你可以一直听取整个团组的有声思维环节，但是该项练习的目的在于鼓励每个人开展一个主题。通常在小组讨论中，即使是规模很小的小组，也会有一两个组员畏缩不前，他们要么是觉得自己的看法不值一提，要么是没有做功课。组队有声思维鼓励每个人都参与其中。作为参与者四处走动，将他们的看法记录在案，确保每个人都着手在做。个人有声思维法是确保人人负责的有效方式。当我开展这一项活动时，总会有一些人常常游离于活动之外，不在纸上做任何记录。此时，我都会温和地向他们提问："你在想什么？"通常这些人都会讪讪一笑，告诉我他们没有思考布置的作业。"你也会让学校的学生逃脱不写作业吗？"我问道。接着他们又尴尬一笑。"马上做。"我彬彬有礼地告诫他们，他们也接受了我的告诫。真正难对付的参与者（特别当他们是管理者的时候），轮到他们有声思维时，居然会去接电话！但我会一直循循善诱，最终让他们发现与搭档展开练习是一次多么宝贵的学习经历。

流程活动：性格建设者艺廊

（1）将第二章所描述的每一个性格特质分别粘贴在一张图表上：信任、诚实、真实、恭敬有礼、宽仁之心。分成三人一组，举办艺廊。

（2）要求每组成员研究之后，写下一种彰显校长品质的行为或态度。要求他们要描述具体，具有行为意向。

（3）记录完成后，寻找明显的规律和格局。

（4）听取情况报告。

角色扮演　场景2

如果在上次角色扮演环节中,有任何问题或未解决的事宜,要提出来在此探讨。为参与者选择一个新的关注点,比如全屋一半的人观察愤怒的家长,寻找线索,看他们提出的问题是否真的存在,还是存在一些其他的潜在问题。另一半组员观察校长,看他的用词和语调能否让家长接受和肯定。由你来决定。

对话问题:第二章

(1)当家长来找你要求某事时,你通常多久满足他们一次?把学生分配给不同的老师这样棘手的问题,你如何处理?

(2)请对校长的以下言论做出回应:"我一直以来都相信,在教育领域,我们应该爱孩子比爱大人更多一些。我的意思是孩子的利益高于员工的利益。"在这一言论中存在的内在冲突是什么?你怎么应对?

(3)拥有什么样的心态才能欣然接受家长的批评?怎样培养这样的心态?

(4)采取轻罚、怀柔政策意味着什么?你运用什么方法将之实现?

(5)没有性格的个体能成为一名高效率的校长吗?请发表你的评论解释。

为下一次会议布置作业

阅读第三章

行动目标：布置反思作业

使用第五章建议2——调查你的客户，每周对六位家长进行电话调查。根据所收到的反馈进行调整变动。请你的秘书随机抽取六个人名，从而避免选择"容易对付"的家长。将结果记录在案。

模块4：第三章 解决那些让家长愤怒、不安、神经紧张或狂燥的问题

准备材料

为组员准备F.1"需求"表格副本

为组员准备个人有声思维法4副本

推进器：通缉

"通缉"环节为鼓励参与者思考个人价值所设计，特别是指与家长的互动中的个人价值。这些海报将来不会粘贴在邮局的墙壁上，但在你退休后可以作为很好的宣传广告，来宣扬你的成绩。给每一位参与者发放F.1"通缉"表格。

此时，参与者应该已经熟悉有声思维环节。鼓励他们选择之前没有合作过的搭档进行有声思维法4。

流程活动：速战速决

与愤怒的家长打交道，校长总期盼能速战速决。此项练习名为速战速决，它是由教练的游戏改编而来的。

准备3cm×5cm大小的卡片，上面写着由第一章改编而来的言论，也可以自行选择某些言论。准备足够的卡片，确保每人均有一张。

- 如果对某些情形视而不见，大多数问题都会自行消失。
- 既支持老师又能确保家长和学生得到公平对待，简直就像走钢丝一般，如履薄冰。
- 对家长应该视而不见。
- 大多数家长过于关注自己孩子的需求，而忽略了整个学校的整体需求。

F.1 "通报"表格

我的名字是＿＿＿＿＿＿＿＿＿＿＿＿＿＿＿＿＿＿＿＿＿＿＿＿＿＿＿

我被通报是因为

一直＿＿＿＿＿＿＿＿＿＿＿＿＿＿＿＿＿＿＿＿＿＿＿＿＿＿＿＿＿＿

对＿＿＿＿＿＿＿＿＿＿＿＿＿＿＿＿＿＿＿＿＿＿＿＿有强烈的需求

重视＿＿＿＿＿＿＿＿＿＿＿＿＿＿＿＿＿＿＿＿＿＿＿＿＿＿＿＿＿

以＿＿＿＿＿＿＿＿＿＿＿＿＿＿＿＿＿＿＿＿＿＿＿＿＿＿口号为生

＿＿＿＿＿＿＿＿＿＿＿＿＿＿＿＿＿＿＿＿＿＿＿＿＿＿＿＿对待家长

一直有＿＿＿＿＿＿＿＿＿＿＿＿＿＿＿＿＿＿＿＿＿＿＿＿＿＿＿

能够＿＿＿＿＿＿＿＿＿＿＿＿＿＿＿＿＿＿＿＿＿＿＿＿＿＿＿＿＿

家庭教师协会

个人有声思维法4：
最荣耀的时刻

请描述你最近成功解决的一个特别棘手的问题或难缠的家长。	
为了成功解决问题，你认为哪些变量起到了关键性的作用？	
如果其他人在学校遇到相似的境遇，你会给他们什么样的建议？	

- 对家长不应该道听途说，而要全面了解。
- 多数家长过分关注孩子的个人需要，而忽略了学校的整体需求。
- 如果问题情节严重，即便学年过半，我也会重新给孩子分配班级。
- 我的策略就是从不轻易让家长得偿所愿。
- 如今的家长存在更多严重的个人问题。

给参与者每人发放一张言论卡，允许他们在30秒内整理思绪，做到能口头回答。之后要求参与者三人一组，每人30秒轮流回答。一定要组里的每一位参与者都发言。

每小组完成几次即兴发言后，询问以下问题：

（1）这项练习你感觉如何？

（2）在快问快答中，你觉得怎样才能更加自信？

（3）你是如何成为一名即兴发言者的？

对话问题：第三章

（1）第三章讨论解决场景的三种问题，相比之下，你更喜欢哪一种？为什么？

（2）作者建议了一些具体的措施，来应对有毒瘾或有暴力倾向的家长。根据你自己的经历，你认为还能采取哪些其他的措施？请描述。

（3）你是否觉得作者在处理学校的问题上过于乐观，而根据你的经历来看，从此书中读到的内容无法对你产生帮助？

（4）你怎么看"学校的选择"以及竞争能改善公立学校的现状？

阅读作业

阅读第四章

行动目标：布置反思作业

选择一名与你性格不合，或难以积极沟通的家长。写一两段描述一下这个人。回顾第二章提出的一系列应对策略，在下次见面或沟通中运用这些策略。在日志中记录下你与这位家长沟通或见面的情形。

模块5：第四章　创造和培育健康的校园环境

准备材料

为参与者准备个人有声思维法5副本

力场分析样本幻灯片或投影（F.1展示表格）

为参与者准备表格F.2、F.3.1、F.3.2、F.3.3、F.3.4副本

推进器:"我要让你爱上我(I'm Gonna Make You Love Me)"

我擅自使用了这首老歌的歌名,在此向诱惑乐队(The Temptations)致歉。此环节要求参与者组队,分享上周与难搞家长打交道的经历。是否有一些突破?他们觉得这样的练习会不会做作?会觉得尴尬吗?哪些觉得有效?哪些不奏效呢?

流程活动:力场分析法

要建立一个像《健康校园清单》里那种的校园文化,校长必须统领所有可能的协助力量,制定一个清晰的目标,同时减弱或消除一切阻碍目标实现的力量。力场分析过程就是如何识别推动力和阻碍力。力场分析的目的就是创建一种校园文化,在这种文化的氛围中,家长可以受到重视和爱戴。

家庭教师协会

个人有声思维法5:
传染病肆意蔓延

描述一下你的学校正在流行什么风气(也就是说,流行什么样的不良风气)?	
为了消灭它,你都做了什么工作(或者你能做什么工作)?	
你觉得学校的健康指数有多高?你是怎么知道的?	
你消灭了哪些反复发作的"疾病"(类似于普通的感冒)?针对它们你可以做什么?	

F.1 展示表格　力场分析法样本

目标：创建一种校园文化，在这种文化的氛围中，家长可以受到重视、尊敬和爱戴。

推动力	阻碍力
→	←
老师尽职尽责、鞠躬尽瘁、关怀备至。	一些员工在与有暴力倾向的家长打交道时有过惨痛的经历，他们拒绝为家长做更多的努力。
尽管校长是新手或刚刚转调过来，但却知识渊博，具有良好的沟通能力。	前任管理者对待一些家长态度恶劣，使他们一直耿耿于怀。
员工十分清楚与家长的关系好坏直接影响着孩子的学习。	员工不清楚校长对他们所寄予的期望，希望他们多多沟通，与不同类型的家长沟通。
	老师们在沟通风格上有很大的差异。一些老师会每周给家长寄送信件，而有些老师会敷衍了事。

表格F.2　力场分析法工作表

目标：创建一种校园文化，在这种文化的氛围中，家长可以受到重视、尊敬和爱戴。

推动力	阻碍力

表格F.3.1　健康校园环境清单：指导方向

在学校健康环境清单指数前，写下一定数量恰当描述该指数的内容（计分表）。
指数1：所有员工（校长、老师、秘书、保管人员、巴士司机、餐厅员工等）对学生以诚相待。
内容范围：
1．大多数员工倾向于认为学生已经失控。一些人会对学生大喊大叫、"动手动脚"、冷嘲热讽，或者付诸毫无意义的惩罚。学生和成年人之间经常相互抗衡，一些人试图通过忽略问题来贬损学生。在教师休息室最流行的就是，员工经常抱怨学生的言行问题。
2．一些员工会尊重学生，面对麻烦的言行问题会积极应对，但这仅仅是少数。大多数老师觉得无力改变学生的言行，用极其挑剔、卑鄙的态度来对待学生。
3．许多员工用尊敬的态度对待学生，处理问题积极，但是也有一些相对消极的同事，不愿维护学生或提出积极的解决方案。
4．大多数员工用尊敬的态度对待学生，处理问题积极，但是一些老师会抱有抵触和消极的心理。
5．所有员工用尊敬的态度对待学生、处理问题积极，尽管有些学生极其难对付。出现问题时，他们通过恰当的渠道来解决（比如老师助理团队、推荐人、咨询校长等）。
指数2：校长和员工对学生成绩抱有高期望值，会直接与学生和家长沟通。
内容范围：
1．校长和员工相信有一些不变因素，比如家庭背景、社会经济地位、能力水平，都是决定学生成绩的主要因素，学校无法克服它们。
2．校长和员工相信指数1所指的不变因素对学生成绩影响甚大，学校对学生成绩的影响有限。
3．校长和员工相信前面提到的不变因素可能影响着学生的成绩，但是老师有责任帮助所有学生掌握基本技能，根据个人期望值达到规定的学习成效。校长经常通过书面、口头沟通、特定的活动或所有这些非正式形式，来与老师、家长和学生沟通，探讨他们的期望值。
4．校长和员工相信前面提到的不变因素可能影响着学生的成绩，但是老师有责任帮助所有学生掌握该年级水平的特定基本技能，并且经常通过正式、有组织的形式与家长和学生沟通，探讨他们的期望值。对学生成绩的期望值可能通过书面起草基本技能目标，书面起草学校指导方案的目的或任务（或两者兼有）来传递给学生。
5．校长和员工相信，通过家庭和学校的共同努力，会对孩子的成绩产生重大影响。老师不仅负责帮助所有学生掌握该年级水平的特定基本技能，而且帮助学得更快的学生进行模拟练习，丰富知识储备，加速学习，并且为可能需要更多时间掌握技能的学生提供拓展学习的机会。家长、学生和老师共同对学生成绩寄予厚望，不仅仅通过书面告知基础课成绩，而且还通过课外加速学习课程、成绩奖励和提供创造性表达机会来相互沟通。
指数3：校长和员工扮演学生的拥护者角色，对有关他们的学校生活与之沟通。这些行为可能包括和单个学生或团体共进午餐；经常在操场、餐厅、走廊出现；赞助俱乐部，随时欢迎学生针对教学或纪律问题展开讨论；熟知学生的姓名和家庭关系（而不仅仅知道他们的班级），称呼大多数学生的名字；老师和学生发生纠纷时，愿意倾听学生的想法。上述所列的这些行为是指在这一范畴内值得考虑的行为类型。

续表

内容范围：
1. 校长和员工认为担当学生的拥护者并非是一个合适的角色，也从来不会基于这种考虑与学生互动。
2. 校长和员工认为担当学生的拥护者是一个合适的角色，但总略显不自在，几乎不作为。他们很少与学生互动。
3. 校长和员工很少担当学生的拥护者，但是会从事至少三次鼓励沟通的行为。
4. 校长和员工认为担当学生的拥护者是一个合适的角色，并且会从事至少六次鼓励沟通的行为。
5. 校长和员工认为担当学生的拥护者是一个合适的角色，至少有六次鼓励沟通的行为，并且建立接收信息的方式，来听取学生对学校和班级生活的看法。

指数4：校长鼓励员工和家长之间开诚布公地沟通，尊重不同的想法，求同存异。这一指数的重点在于校长展示的行为，证明了员工和家长之间保持开诚布公的沟通，尊重不同的想法，求同存异。这些行为包括校长的开放政策，接受小众观点以及来自员工和家长的消极反馈，为员工和家长提供表达不平之音或探讨问题的渠道，为员工和家长提供互动的渠道。上述所列的这些行为是指在这一范畴内值得考虑的行为类型。

内容范围：
1. 校长不鼓励员工和家长之间开诚布公的沟通，认为意见不统一是组织成员不和谐的表现。
2. 校长建议开诚布公的沟通，但是很少组织员工和家长的非正式会面。必须安排预约会面，严格坚持会议日程，严厉把控信息的流通和意见传递。
3. 校长支持开诚布公的沟通，安排员工和家长非正式会面。但是，面对问题、质疑或意见不统一时，校长不做回应，并且对这种类型的沟通避而远之。
4. 校长支持开诚布公的沟通，安排员工和家长非正式会面。面对问题、质疑或意见不统一时，校长积极回应，鼓励员工和家长以积极的方式解决分歧。
5. 校长支持开诚布公的沟通，安排员工和家长非正式会面。面对问题、质疑或意见不统一时，采取开放措施。校长会安排各种各样的机会，让员工和家长展开正式和非正式的互动，鼓励各年级、各部门和教学组之间互动交流。

指数5：校长在考虑老师、家长或学生问题时，展现关切和开放的态度，在恰当的时机，会参与解决这些问题。

内容范围：
1. 校长不愿意考虑老师、家长或学生问题。
2. 校长愿意考虑老师、家长或学生问题，但是由于沟通不够、缺乏人际关系技巧，在很大程度上毫无效果。
3. 校长愿意考虑老师、家长或学生问题，有时能卓有成效地提出解决问题的方案。展现出一般的沟通能力和人际关系技巧。
4. 校长愿意考虑老师、家长或学生问题，通常能卓有成效地提出解决问题的方案。展现出极好的沟通能力和人际关系技巧。
5. 校长愿意考虑老师、家长或学生问题，总能卓有成效地提出解决问题的方案，展现出绝佳的沟通能力和人际关系技巧。与职工共同建立解决问题的流程。

指数6：校长建立恰当的人际关系技巧理论模式。该指数的重点在于校长展示出各种各样恰当的人际关系技巧。这些行为包括但不仅限于：（a）学生和教职工之间相互信任，创造安全感；（b）尊重学生、家长和员工的权利；（c）巧妙地处理个人关系，相互理解；（d）无论相貌、种族、信仰、性别、身体健康与否、能力或者社会地位，尊重个人尊严和价值。

续表

内容范围：
1. 校长不具备上述任何一种行为。
2. 校长仅仅具备一两种上述行为，在人际互动中，经常遭遇困难。
3. 校长具备两三种上述行为，在人际互动中，通常能顺利完成任务。
4. 校长具备三四种上述行为，在人际互动中，屡次能顺利完成任务。
5. 校长具备上述所有的行为以及其他与良好人际关系相关的行为，在人际互动中，总能顺利完成任务。

指数7：校长要培养旺盛的斗志，保持激昂的情绪。该指数的重点在于校长展现出来的各种行为，有助于培养旺盛的斗志、保持激昂的情绪。这些行为包括但不限于，教职工参与规划、鼓励社会活动策划、信息沟通的开放性、部门责任均摊、资源配置公平、提供做出成绩的机会、承认成绩、教职工参与问题解决、个人和专业问题给予协助支持。

内容范围：
1. 校园内毫无斗志。校长不具备上述任务中的任意一种行为。人心涣散，竞争激烈，小团体扎堆，指手画脚、各持己见、争执不休。
2. 校园内斗志低迷，校长仅仅具备上述几种行为。尽管没有出现不团结的现象，员工却难以积极通力合作。
3. 校园内偶尔燃起斗志。尽管没有描述1所展示的不和迹象，但老师大多是独自活动，甚少热情高涨、积极通力合作。
4. 校园内斗志昂扬，校长鼓舞士气，使老师们通力合作，交流观点、分享资源，分析教学问题，共同制定目标，协调活动。
5. 校园内斗志昂扬，校长鼓舞士气，使老师们高效通力合作，从工作中获得个人满足感。校长已经确立了具体的活动，并鼓舞士气，系统地参与这些活动。

指数8：校长系统化地收集员工、家长和学生关切的问题，并对此做出回应。该指数的重点在于校长在系统化地收集员工、家长和学生关切的问题后，做出相应回应。收集信息的方式包括一对一会议、家长或教职工咨询委员会、学生会、意见箱、质量研讨小组，但不限于这些。

内容范围：
1. 从不收集员工、家长和学生关切的问题。校长也不对其关切做出回应。
2. 间或收集他们关切的问题，但是校长所做出的回应大体毫无效果。
3. 系统收集至少一组群体所关切的问题，校长并对此做出有效回应。
4. 系统收集至少两组群体所关切的问题，校长并对此做出有效回应。
5. 系统收集三组群体所关切的问题，校长并对此做出回应。根据收集的信息，制订计划，实施变更。

指数9：校长恰如其分地承认其他人所做出的功绩。该指数的重点在于校长开展各种各样的活动，承认员工、学生和家长所做出的贡献。活动包括员工奖励机制、学生奖励大会、证书授予、寄送贺信、致电、祝贺午宴、报纸登载，但不局限于这些。

内容范围：
1. 校长从不开展任何奖励活动。
2. 校长至少为其中一组群体（员工、家长、学生）开展一次奖励活动。
3. 校长至少为两组群体（员工、家长、学生）开展一次奖励活动。
4. 校长至少为全体（员工、家长、学生）开展一次奖励活动。

续表

5. 除开展各式各样的奖励活动外,校长还组织三组群体人士参与彼此的奖励活动。

指数10:所有员工(无论级别、身份)可以畅所欲言地沟通,直抒胸臆。
内容范围:
1. 遏制讨论。人们迟疑不决,不敢将真实想法摆在明面上,惧怕遭受批评、贬低和报复。
2. 少数自信或有政治背景的人敢于公开发表言论,但大多数人不敢这么做。
3. 只有沟通风气逐渐形成之后,许多员工才肯开诚布公地沟通。
4. 大多数时候开诚布公地进行沟通,但是存在一些禁忌话题,或者某些精英人士避免公开发表他们的所想所为。
5. 集体讨论毫无拘束、坦白直率。所有员工即使面对敏感度极高的话题和决策也敢于实话实说,自由地表达所思所想。

指数11:充分发挥所有员工的个体能力,运用其知识储备,借鉴其个体经验。
内容范围:
1. 主管负责整个工作并管理员工。
2. 选中的优秀员工完成所有工作。
3. 至少一半的员工在做事,但也都是这些人在主管负责。
4. 大多数员工参与工作,但是从不相互分享或进行角色转换。
5. 所有员工的天赋和才能被认可,充分运用到目标建设、分享和交流角色中。

指数12:不同个体之间(老师、家长、学生)公开有效地解决冲突,各个群体之间相互尊重。
内容范围:
1. 人们打压冲突,假装它毫不存在。
2. 人们承认冲突,但是没有直接积极地解决。
3. 人们承认冲突,有些也成功地加以解决,但有时缺乏技巧、方法拙劣,经常导致误解的出现。
4. 人们承认冲突,通常运用恰当的方式解决,但在处理冲突上没有标准化的方式方法。
5. 人们善于认识冲突,储备各类成功解决冲突问题的策略方法。

指数13:学校的所有人都能清晰地表达自己的想法,尽全力完成学校的任务、实现愿景。
内容范围:
1. 人们自由支配时间,完成日程,不会搁置自己的目标,顾全大局。
2. 人们假装万众一心,但其实各怀鬼胎。
3. 核心人物(员工和家长)共同努力,但员工中有一些爱唱反调的人和袖手旁观者,一旦触及他们的利益时,他们会从中作梗破坏大局。
4. 大多数人都共同努力实现目标,但缺乏努力来解决团体之中的分歧。
5. 人们共同解决分歧,可以大方地承认他们同舟共济。

指数14:员工开诚布公地表达想法,不惧怕讥讽或报复,也允许其他人如此行事。
内容范围:
1. 员工从不敢真实表达自己的想法。
2. 一些员工公然表达看法,但是经常犹豫不决、百般不愿。
3. 一些员工自由地表达看法,但许多员工不情愿表达他们的真实感受。

学习模块 145

续表

> 4. 接受有建设性的批评，但没有机制表明这是常规的团队精神。
> 5. 经常提出建设性的批评，批评坦诚，双向来往；员工接受并鼓励这种做法。使用团队流程监督并鼓励提出看法、观点和建议，以此改善团队工作。
>
> 指数15：员工互相帮助，愿意施以援手而从不担忧别有企图。
> 内容范围：
> 1. 员工不愿承认自己的无知，或寻求帮助。他们宁愿"独立"，而不愿形成"共生"模式。
> 2. 一些员工承认需要帮助，但是许多人都有自己的主见、好胜心切。
> 3. 员工希望协同合作，但缺乏必要的技能。
> 4. 员工互相帮助，但缺乏系统的计划来评估合作的有效性。
> 5. 员工乐于帮助他人，也愿意向同事施以援手。员工之间关系透明、相互信任。流程通常用于检验员工之间合作的进展情况以及何种因素干扰合作的进行。
>
> 指数16：校园氛围开放，尊重个体之间的差异。
> 内容范围：
> 1. 家长和员工之间相互猜疑，彼此不尊重。
> 2. 少数家长和员工试图改善现状，但难以实现转变。
> 3. 大多数家长和老师合作融洽，但是一些人企图破坏这种健康的氛围。
> 4. 家长和员工合作融洽，但是他们没有做出努力来鼓励、发展和巩固这种团队精神。
> 5. 家长和员工尊重并肯定个体的天赋和才能，欣赏各式各样的学习风格、性格和智力水平。

（1）用幻灯片播放表格F.1中的力场分析样本，并解释推动力和阻碍力之间的区别。

（2）将组员分成3~4人的小组，为每人发放F.2表格副本作为工作表。

（3）为参与者提供充分的时间写出这两种相关的力量。

（4）之后要求每组选择一位记录者，将该组的力场分析表格变成一张图表，并展示给大家。

表格F.3.2　健康校园清单：评分表

> 指数1：所有员工（校长、老师、教学助理、秘书、办公室人员、保管人员、巴士司机、餐厅员工等）对学生以诚相待。
> 指数2：校长和员工对学生成绩抱有高期望值，会直接与学生和家长沟通。

续表

指数3：校长和员工担当学生的拥护者角色，和他们进行学校生活的沟通。 指数4：校长鼓励员工和家长之间开诚布公地沟通，尊重不同的想法，求同存异。 指数5：校长在考虑老师、家长或学生问题时，展现关切和开放的态度，在恰当的时机，会参与解决这些问题。 指数6：校长建立恰当的人际关系技巧理论模式。 指数7：校长培养旺盛的斗志，保持激昂的情绪。 指数8：校长系统化地收集员工、家长和学生关切的问题，并对此做出回应。 指数9：校长恰如其分地承认其他人所做出的成绩。 指数10：所有员工（无论级别、身份）可以畅所欲言地沟通，直抒胸臆。 指数11：充分发挥所有员工的个体能力，运用其知识储备，借鉴其个体经验。 指数12：不同个体之间（老师、家长、学生）公开有效地解决冲突，各个群体之间相互尊重。 指数13：校园的所有人都能清晰地表达自己的想法，尽全力完成学校的任务，实现愿景。 指数14：员工开诚布公地表达想法，不惧怕讥讽或报复，也允许其他人这样做。 指数15：员工互相帮助，愿意施以援手却从不担忧别有企图。 指数16：校园氛围开放，尊重个体之间的差异。 总分

表格F.3.3　健康校园清单：得分指南

要计算出个体健康校园清单的得分，计算得分者所选择的选项分数。比如，如果指数1中选择了内容3（所有员工对学生以诚相待），那么指数1这一项得3分；如果指数1中选择了内容5，那么这一项5分，依次类推。

有两种管理和计算校职工或家长小组清单分数的方式：（1）将每一位答题者的总分计算出平均分，再除以答题者的人数得出最后分数；（2）计算所有答题者对每一项指标的平均分数，再除以答题者的人数得到最后分数。

管理职工或家长团队的整体清单

如果全体职工或家长（比如家长顾问委员会）完成整个清单，个体的分数相加，再算出平均数即可。

比如，假设家长顾问委员会的10名成员完成了健康校园清单。计算出每个人的平均分再相加，除以答题者的人数得到最后分数。如果十位家长完成了这一清单，他们的分数总和为636，（分别为67、74、62、57、71、59、68、42、79、57），除以10算出平均分数63.6。在下面的等级范围内，确定等级。在此例子中，家长顾问委员会将学校评为"非常健康"等级。要确定个体的等级，参见下一组指南。

续表

管理职工或家长团队选择项目
如果要求输入职工或家长的一些特定选项，那么计算出个体在某一指数的平均分数即可。 　　计算某一特定指数的平均分数，将答题者的所有分数相加，除以答题者的人数即可。比如需要指数4和指数7的数据。随机选择10位员工，要求他们选择有关指数4最正确的描述（校长鼓励员工和家长之间开诚布公地沟通，尊重不同的想法，求同存异）。他们的分数分别为2、4、1、3、5、4、3、2、2、1，总分为27，平均分为2.7。该员工的随机数据分数表明，员工认为校长需要顺畅开放的沟通，员工需要时随时出现应对解决。 　　这10位家长顾问委员会成员还被要求选择指数7的最正确描述（校长培养旺盛的斗志，保持激昂的情绪）。计算出的平均分为3.1。该分数表明校园斗志低迷，校长如果能做些微调整和鼓励倡导，那么员工更能被说服从而同心协力，相互扶持。

表格F.3.4　健康校园清单：评分表

分数	等级
71~80	超级健康。继续保持，定期监督学校的生命体征。
61~70	非常健康。尽管你的学校状态良好，但仍需采取很多改进措施来提升健康状况。
51~60	很健康。在某些方面做些微调整，学校的状况会变得更加健康。
41~50	健康堪忧。出现一次危机，就会彻底击垮学校的现状。改变你的生活方式。
40以下	重病特别护理！除另行通知外，谢绝探望！

（5）所有立场分析法呈现以后，要求每组的记录者删除不可变更的阻碍力（比如家长人口统计数据或家族史）。

（6）一同检查列出的清单，标注两次以上被提及的阻碍力。

（7）选择一条常见的阻碍力，集思广益，想办法使其伤害力降到最低或被中和。

（8）如果组员制定出成功的克服策略，要与其他组共同分享。在校长使用力场分析法，识别并挑选出特定的阻碍力后，最后一步所做的就是制定行动策略来消除这一阻碍力。

角色扮演　场景3

要解决上一次在角色扮演活动中出现的任何争论点或问题，必须进行另一项角色扮演活动。比如某人可能会浮夸地扮演校长的角色，"别和我争论，我知道怎么做最好"。组员面对这样的情况，可能会逃避，让本该探讨的问题搁置一旁。另一种反应方式可能是，组员会对校长狂轰滥炸，让该个体心中郁结。不管怎样，经常有很多问题悬而未决。我希望在这样的情况下，一些老练、经验丰富的管理者能指出"校长"的优点，同时强调要更加感同身受和做出有效回应的必要性。将该问题摆出来讨论的最有效方式就是询问扮演"家长"的个体，当"校长"告诉他们该做什么的时候，他们心理或生理上有何反应。这就无须直接面对"校长"，而把关键问题摆在台面上探讨解决。

对话问题：第四章

（1）如果校长经常处于三角关系之中，会给学校造成怎样的后果？

（2）描述你在学校遇到的"友好敌人"。你怎么应对这一类人的？

（3）面对"停车场"会面，你怎么应对？你怎么看待这样的会面？你怎么处理这种感觉？

（4）你的学校有多健康？

（5）员工或家长如果不能相互尊敬，或者不能对你或孩子保持尊重，你会怎么应对？

为下一次会议布置作业

阅读第五章

行动目标：健康校园清单

给教职工（家长咨询委员或家庭教师协会董事会）发放健康校园清单表，准备好在下周的推进器环节探讨调查结果。重温如何按照清单管理和打分。如果时间或情况允许，参与者可能会根据十六项指标逐一核对，也可能仅仅挑选几项重点核对。

模块6：第五章　积极主动的方式
——五十多种建立家长支持的方式

准备材料

为参与者准备个人有声思维法6副本

在糖果乐园流程活动环节，为每人准备4~5颗不同口味的糖果。

推进器：健康校园清单调查结果

组员分成三人一组，要求他们分享清单调查结果，或者讨论在此中出现的争论点或问题。根据收集的信息，鼓励组员说出他们的应对计划。

伴随使用力场分析法，如果不分享结果，要求家长或老师发表看法根本毫无意义，要么制定个人目标处理问题，要么安排任务共同制订计划。

个人有声思维法6为参与者提供一次机会，分享他们学校的成功积极举措。你需要整理所有的信息，整合为有用的资源。

流程活动：糖果乐园头脑风暴

利用包裹不同样式包装纸的糖果，将组员分成若干小组。首先按照你的需求分组。比如36名成员，每组4人，可以分成9组。在超市散装糖果柜台，购买九种不同类型的糖果，各买4颗。在每个桌上摆放各种各样的糖果。（在确定小组前，成员不要吃掉糖果。）要求组员选择一枚糖果，找到成员中选择同样糖果的人。

组成小组后，让参与者开始集思广益，告诉他们基本的规则：①提出想法，重数量不重质量；②自由发挥，富有创造力；③不要做关键性评论或评估性言论；④接受所有的建议。

建议参与者将目标聚焦于开发校长的行动和态度，展现给观察者（或其他校长群体），那些人真的相信家长是学校团队的重要成员，应该聆听他们的心声。

参与者有三分钟的时间写下所想到的行动和态度。辅助者计时，但是每组必须选出一位记录者记下各自的想法。完成后，将行为清单在房间内展示。给参与者一些时间四处走动，参观这些清单。

使用以下问题进行回顾：

（1）该作业最困难的是哪个部分？

（2）做出这样的声明或将它们作为你的任务或愿景，而不按照证明该信仰的行为完成，所隐含的意思是什么？

家庭教师协会

**个人有声思维法6：
大肆表扬自己一下吧！**

描述一次你在学校成功实施的积极家长倡议。	
描述一下在过去或者在最近，根据收集的家长反馈你在学校所做出的改革。	
迄今为止，从这本书的学习中你获得了哪些最有意义的见解？	

角色扮演　场景4

在上次角色扮演家长和校长沟通环节，总结参与者所发现的内容。如果一些策略需要进一步深入讨论（比如避免分散注意力的肢体语言，或者直到家长冷静下来，拖延采取行动的建议），要求参与者在下一次角色扮演中专注于此。询问参与者迄今为止在角色扮演中，哪些"伟大的设想"与他们的想法不谋而合。有些人总是特别不喜欢这类活动，如果可能，观察他们的反应，找出他们抵触的原因。

问题对话：第五章

（1）让家长参与活动和项目听起来是个好主意。这些活动真的可行吗？你怎么知道它们是可行的？哪些在你的学校不可行？

（2）管理者是否真的有时间担心家长和他们的感受？无论我们多么努力，我们不可能总让他们满意。那么我们是否应该忽略他们，只关注孩子的学习呢?

布置作业

阅读结论章节

行动目标：布置反思作业

要求参与者完成一篇短文，论述在教育界，他们支持家长更多参与还是较少参与。要求他们描述清晰，如果需要更多参与，哪些改变值得推荐，又或者需要较少参与时，哪些项目需要剔除。鼓励参与者运用个人经历，并且准备好在下一次会面时与大家分享自己的文章。

模块7：结论

准备材料

为参与者准备个人有声思维法7副本

为参与者准备表格F.4副本

推进器：家长参与回顾

和搭档分享你文章中的亮点。

个人有声思维法7为小组中的新校长提供可用的信息。收集小组的应对策略，整理为可用资源。

流程活动：改变学校的文化氛围使之友好对待家长

将参与者分为3～5人的若干小组。索菲尔和金（Saphier and King）提出了影响校园改善的12种校园文化准则：联合领导；实验研究；高期望值；信任和自信；实质性支持；知识库储备；欣赏认可；关怀，庆祝，迎合；决策共享；保护重要的东西；传统；诚实、开诚布公地沟通。

（1）每组分配不同的校园文化准则。

（2）以参与者的观点，选择最有可能影响家长行为的准则。使用校园文化工作表（表格F.4），根据分配的文化准则，关注小组讨论。

（3）要求每组选择一位报告人总结每组的发现成果，做整组的总结发言。

家庭教师协会

个人有声思维法7：
相信我……

应对愤怒的家长时，你会给新上任的校长什么样的意见来帮助他们有效地解决呢？	
有一些经验之后，现在你知道的哪件事是你希望在第一年就该了解到的？	
哪些方式是你在学校特别"倾向于教学"的方式？	

表格F.4　校园文化准则：工作表

> 准则：_____
>
> 目前你的学校哪些做法或情况强化了这一准则？
>
> 你的学校哪些做法或情况弱化了这一准则？
>
> 你觉得这一准则未来的最佳状态应该是什么样的？
>
> 你有什么特别的建议来改善这一准则吗？
>
> 你愿意做哪些事来改善这一准则？

角色扮演　场景5

最后一轮角色扮演结束后，你来做总结性陈述，宣布以下学院奖的获得者：最佳男主角，最佳女主角，最佳男配角，最佳女配角，最佳剧情（最佳编剧）；最可怕的家长获得者；最有同情心、最会关心人、最温柔的校长获得者等。可以自由地添加或删除一些奖项，但是一定要为获奖者挑选一些昂贵的奖品或奖金。不要忘了给他们掌声鼓励。

问题对话：结论

（1）如果你所在校区的家长有选择权，他们会选择你的学校吗？为什么选择，又为什么不选？短期内你会做什么来影响他们的决定？那么长期的呢？

（2）你会将自己的孩子或孙子送到你的学校读书吗？为什么会，又为什么不会？

（3）家长看重学校的哪些特色：家长想要什么？不能总结出家长的所需？

总结活动并评估

吃一顿家常便饭，或在饭店安排晚宴。

完成评估表格

致　谢

我要特别感谢全国的教育工作者们，他们在这本书的第一版中，与我分享了如何提高与易怒家长沟通的技巧。如果没有他们的倾情支持，第二版也不会问世。在今天这个网络传播的时代，身为作者最享受的一件乐事就是收到读者的来信。如果你有任何问题，在你采纳本书中提到的建议后所发生的故事或经历，你想与我分享，或打算指出任何错误，请给我发送邮件，邮箱地址是emcewan@elainemcewan.com，我会尽快回复你，也可以访问我的主页，地址是http://www.elainemcewan.com。

此书献给柯温出版社荣誉退休的格雷西亚·奥柯玛（Gracia Alkema）女士。该书的第一版是我早期在柯温出版社出版的其中一本书，奥柯玛女士当时倾力相助，全力支持我的想法。我很欣赏她身为编辑的决断力和对出版行业的洞察力，也很珍惜我们八年来的友谊。

我还要一如既往地特别感谢我的丈夫兼商业伙伴，E. 雷蒙德·阿德金斯（E. Raymond Adkins）先生。那些参观过我的工作坊、听过展示介绍的读者们都知道他是一个多么可靠的存在，不遗余力地在背后支持着我。他的智慧和直觉决断力帮助我最终确定出版书籍的每个细节。

除此之外，柯温出版社还要感谢下列这些人为本书所做的贡献：

罗斯玛丽L. 杨（Rosemary L. Young）
肯塔基州，路易斯维尔
美国小学校长协会主席
沃森巷小学校长

玛丽莲J. 蒙哥马利（Marilyn J. Montgomery）
佛罗里达州，迈阿密
佛罗里达国际学校
作家、教授

葛罗瑞亚·熊谷（Gloria Kumagai）
明尼苏达州，黄金谷
博物馆磁铁小学校长

查尔斯M. 捷克萨克三世（Charles M. Jaksec, Ⅲ）
佛罗里达州，坦帕
希尔斯伯勒郡学区
作家、学校社会工作者

吉娜·斯格比阿诺（Gina Segobiano）
伊利诺伊州，贝尔维尔
信号山学区
校长/监督人

让·郑·戈尔曼（Jean Cheng Gorman）

加利福尼亚州，旧金山

作家

坎迪斯·史蒂文斯（Candace Stevens）

俄勒冈州，波特兰

雅各布维斯莫小学校长

格温L. 卢德丽（Gwen L. Rudrey）

明尼苏达州，莫里斯

明尼苏达大学

作家、教育学副教授、小学教育协调人

戴安·米尔兹维克（Diane Mierzwik）

加利福尼亚州，尤卡帕

景园中学

作家、老师

参考文献

Advising Forum. (2003, April). *The mentor: An advising journal.* Retrieved June 23, 2004, at www.psu.edu/dus/mentor/foru0304.htm

A lesson on winking at abuse. (1996, November 26). *Chicago Tribune*, p. A16.

American Society of Professional Education. (2004). *Over-indulged children: Dealing with at-risk youth and their enabling parents.* Retrieved April 5, 2004, from www.aspeonline.com

Argyris, C. (1986). Skilled incompetence. *Harvard Business Review, 64,* 74–79.

Argyris, C. (1991). Teaching smart people how to learn. *Harvard Business Review, 69,* 99–109.

Autry, J. A. (2001). *The servant leader: How to build a creative team, develop great morale, and improve bottom-line performance.* Roseville, CA: Prima.

Axelrod, A., & Holtje, J. (1997). *201 ways to deal with difficult people.* New York: McGraw-Hill.

Bailey, S. (1971). Preparing administrators for conflict resolution. *Educational Record, 53,* 225.

Berger, J. (1991, November 27). Matter-of-factly, New York City begins school condom program. *New York Times,* pp. A1, A9.

Berkowitz, L. (1970). Experimental investigations of hostility catharsis. *Journal of Consulting and Clinical Psychology, 35,* 1–7.

Bradley, A. (1997, March 26). Educated consumers. *Education Week,* pp. 33–34.

Branson, R. M. (1982). *Coping with difficult people in business and in life.* New York: Ballantine.

Brinkman, R., & Kirschner, R. (1994). *Dealing with people you can't stand.* New York: McGraw-Hill.

Brown, J., & Isaacs, D. (1994). *The fifth discipline fieldbook: Strategies and tools for building a learning organization.* Garden City, NY: Doubleday.

Brown, K. L. (2003). *The African American parent guide to public school success: The common sense approach to helping your child.* Sacramento, CA: Urban Renaissance Project.

Charles, C. L. (1999). *Why is everyone so cranky?* New York: Hyperion.

Covey, S. (1989). *7 habits of highly effective people.* New York: Simon & Schuster.

Crowe, S. (1999). *Since strangling isn't an option: Dealing with difficult people— common problems and uncommon solutions.* New York: Perigree.

De Bono, E. (1999). *Six thinking hats.* Boston: First Back Bay.
Definition of helicopter parent. (2004). *The Word Spy.* Retrieved April 5, 2004, from www.wordspy.com.
Drucker, P. (2004). *BrainyQuote.* Retrieved June 23, 2004, from www.brainyquote.com
Dulles, J. F. (2004). *BrainyQuote.* Retrieved June 23, 2004, from www.brainyquote.com
Education Consumers Clearinghouse. (2004). Retrieved June 23, 2004, from www.education-consumers.com
Galley, M. (2002, April 3). School letters on students' obesity outrage some parents. Retrieved June 23, 2004, from www.edweek.com
Gay student wins discrimination case. (1996, November 21). *Milwaukee Journal-Sentinel,* p. 23.
Gross, M. L. (2000). *The conspiracy of ignorance: The failures of America's public schools.* New York: HarperPerennial.
Hale, J. (2001). *Learning while black: Creating educational excellence for African American children.* Baltimore: Johns Hopkins University Press.
Harrington, D., & Young, L. (1993). *School savvy: Everything you need to know to guide your child through today's schools.* New York: Noonday.
Hassel, B. C., & Hassel, E. A. (2004). *Picky parent guide: Choose your child's school with confidence.* Ross, CA: Armchair Press.
Holland, R. (1996). *Not with my child you don't: A citizens' guide to eradicating OBE and restoring education.* Richmond, VA: Chesapeake Capital Services.
Horn, S. (1996). *Tongue fu! How to deflect, disarm, and defuse any verbal conflict.* New York: St. Martin's Griffin.
Illinois Loop. (2004). Retrieved June 23, 2004, from www.illinois loop.org
Informed Residents of Reading. (2004). Retrieved June 23, 2004, from www.iror.org
Keogh, J. (1996). *Getting the best education for your child.* Los Angeles: Lowell House.
Kingsolver, B. (1995). *High tide in Tucson.* New York: HarperCollins.
Kipling, R. (1936). If. In H. Felleman (Ed.), *The best loved poems of the American people* (p. 65). Garden City, NY: Doubleday.
Kottler, J. A., & McEwan, E. K. (1999). *Counseling tips for elementary school principals.* Thousand Oaks, CA: Corwin.
Kunjufu, J. (2002). *Black students. Middle class teachers.* Chicago: African American Images.
Lao-Tzu. (1988). *Tao te ching: A New English Version.* Foreword and Notes by Stephen Mitchell. New York: Harper Perennial. (Original version from the 6th century B.C.E)
Lawsuits that target schools and teachers are part of new wave. (1996, November 11). *Arizona Daily Star,* p. B5.
Ledell, M., & Arnsparger, A. (1993). *How to deal with community criticism of school change.* Denver, CO: Education Commission of the States.
Lewis, W. A., & Bucher, A. M. (1992). Anger, catharsis, the reformulated

frustration-aggression hypothesis, and health consequences. *Psychotherapy, 29*, 385–392.

Lindelow, J., & Mazzarella, J. A. (1983). School climate. In S. C. Smith, J. A. Mazzarella, & P. K. Piele (Eds.), *School leadership: Handbook for survival* (p. 169). Eugene, OR: Clearinghouse on Educational Management.

Lindsay, D. (1996, February 14). Telling tales out of school. *Education Week*, pp. 27–31.

Lynch, R. F., & Werner, T. J. (1992). *Continuous improvement: Teams and tools.* Atlanta, GA: QualTeam.

Mack, D. (1997). *The assault on parenthood: How our culture undermines the family.* New York: Simon & Schuster.

Matthews, D. (1996). *Is there a public for the public schools?* Dayton, OH: Kettering Foundation Press.

McElroy, W. (2003, November 25). Zero patience for zero tolerance. Retrieved February 5, 2004, from www.foxnews.com/printer_ friendly_ story/0,3566,103983,00.html

McEwan, E. K. (1992). *Solving school problems: Kindergarten through middle school.* Wheaton, IL: Harold Shaw.

McEwan, E. K. (1997). *Leading your team to excellence: How to make quality decisions.* Thousand Oaks, CA: Corwin.

McEwan, E. K. (2002). *10 traits of highly effective teachers: How to hire, coach, and mentor successful teachers.* Thousand Oaks, CA: Corwin.

McEwan, E. K. (2003a). *7 steps to effective instructional leadership* (2nd ed.). Thousand Oaks, CA: Corwin.

McEwan, E. K. (2003b). *10 traits of highly effective principals: From good to great performance.* Thousand Oaks, CA: Corwin.

MetLife, Inc. (2003). *The MetLife survey of the American teacher: An examination of school leadership.* New York: Author.

Morgan, R. (2003). *Calming upset customers: Staying effective during unpleasant situations.* Menlo Park, CA: Crisp Publications.

National Center for Education Statistics. (2003). *Violence in U. S. public schools: 2000 school survey of crime and safety. Statistical analysis report.* Washington, DC: U. S. Department of Education. Institute of Education Sciences.

Nemko, M., & Nemko, B. (1986). *How to get your child a private school education in a public school.* Washington, DC: Acropolis.

Newstrom, J. W., & Scannell, E. E. (1980). *Games trainers play: Experiential learning exercises.* New York: McGraw-Hill.

No Child Left Behind Act. (2002, January 8). Pub. L. 107-110 115 STAT.1425 H. R. 1.. Retrieved June 23, 2004, from http://www.ed. gov./nclb

Peck, M. S. (1978). *The road less traveled.* New York: Simon & Schuster.

Peck, M. S. (1983). *People of the lie.* New York: Simon & Schuster.

Persell, C. H., & Cookson, P. W., Jr. (1982). The effective principal in action. In National Association of Secondary School Principals (Ed.), *The effective principal* (pp. 22–29). Reston, VA: Editor.

Peterson, P. E. (Ed.). (2003). *Our schools and our future: Are we still at risk?* Stanford, CA: Hoover Institution Press.

Public Agenda. (2003). *Where we are now: 12 things you need to know about public opinion and public schools.* New York: Author.

Riechmann, D. (1996, October 7). Critics give schools PC rating for strict adherence to rules. *Boston Globe,* p. A4.

Roberts, C. (1994). What you can expect from team learning. In P. Senge, A. Kleiner, C. Roberts, R. B. Ross, & B. J. Smith (Eds.), *The fifth discipline fieldbook: Strategies and tools for building a learning organization* (pp. 353–357). Garden City, NY: Doubleday.

Roget's International Thesaurus (4th ed., Rev. by R. L. Chapman). (1977). New York: Harper & Row.

Rosen, M. I. (1998). *Thank you for being such a pain: Spiritual guidance for dealing with difficult people.* New York: Three Rivers Press.

Saphier, J., & King, M. (1985, March). Good seeds grow in strong cultures. *Educational Leadership, 43,* 67–74.

Saunders, D. (2002, March 29). Schools, yes; fat police, no. Retrieved June 23, 2004, from www.townhall.com

Scott, S. (2002). *Fierce conversations: Achieving success at work and in life one conversation at a time.* New York: Viking.

Senge, P. (1990). *The fifth discipline.* Garden City, NY: Doubleday.

Senge, P., Kleiner, A., Roberts, C., Ross, R. B., & Smith, B. J. (Eds.). (1994). *The fifth discipline fieldbook: Strategies and tools for building a learning organization.* Garden City, NY: Doubleday.

Shinn, L. (2004, January 16–18). *You can be a great storyteller. USA Weekend,* p. 14.

Steinke, P. L. (1996). *Healthy congregations: A systems approach.* Washington, DC: Alban Institute.

Stout, M. L. (2001). *The feel-good curriculum: The dumbing down of America's kids in the name of self-esteem.* New York: Perseus.

Tavris, C. (1978). *Anger: The misunderstood emotion.* New York: Simon & Schuster.

Taylor, G., & Wilson, R. (1997). *Helping angry people: A short-term structured model for pastoral counselors.* Vancouver, British Columbia: Regent College.

Walsh, M. (1996, November 17). Confidential agreement in Berkeley sex-abuse case sparks criticism. *Education Week,* p. 9.

Warren, R., & Kurlychek, R. T. (1981). Treatment of maladaptive anger and aggression: Catharsis vs. behavior therapy. *Corrective and Social Psychiatry and Journal of Behavior Technology, 27,* 135–139.

Wegela, K. K. (1996). *How to be a help instead of a nuisance.* Boston: Shambhala.

White, K. A. (1996, November 13). Colorado voters reject parent-rights measure. *Education Week,* p. 1.

Wildlife Hazards for Campers and Hikers. (2004) Retrieved June 23, 2004, from www.geocities.com/~pack215/animal-safety.html

Williams, S. D. (2004). *One dad's defense of Class I schooling*. Retrieved June 23, 2004, from www.GoBigEd.blogspot.com/

Wolff, D. (2002, May 1). Edu-speak. *Education Week*. Retrieved February 4, 2004, from www.edweek.org

World Net Daily. (2004, February 3). 'Going to hell' gets 7-year-old suspended. Retrieved June 23, 2004, from www.worldnetdaily.com

Zey, M. G. (1990). *Winning with people: Building lifelong professional and personal success through the supporting cast principle*. Los Angeles: Jeremy P. Tarcher.